Christa Rolf

Wohn-Ideen mit Stoff

Das Nähbuch rund ums Jahr

Wohn-Ideen mit Stoff

Seit dem Altertum wurden Textilien im Wohnbereich verwendet, denn „Wohnen“ bedeutet auch immer „wohl fühlen“ – und welches Material könnte dieses Gefühl der Behaglichkeit besser vermitteln als Stoff?

In diesem Buch werden ausschließlich Stoffe aus Naturmaterialien wie Seide, Leinen oder Baumwolle verwendet. Die Baumwollstoffe kommen aus dem Hause Westfalenstoffe AG, Münster. Diese Stoffe sind besonders hautfreundlich, da sie nicht chemisch behandelt sind. Die breite Stoffpalette ist vielfach kombinierbar, besonders strapazierfähig und sehr lichtecht.

Dieses Buch zeigt eine Fülle von Möglichkeiten auf, wie Stoffe im Wohnbereich, im Garten und durch kleine Accessoires eine stimmungsvolle Atmosphäre schaffen. Die Modelle sind mit liebevollen Details gearbeitet, die den individuellen Charakter unterstreichen und sich so deutlich von Konfektionsware abheben.

Die Nähanleitungen zu den 36 Modellen sind schrittweise und leicht nachvollziehbar aufgebaut. Damit sind sie sowohl für Anfänger, als auch für Fortgeschrittene geeignet – und selbst Profis dürften noch den einen oder anderen Tipp erhalten. Als zusätzliche Hilfestellung und zum besseren Verständnis ergänzen Schemazeichnungen den Text.

Darüber hinaus vermittelt ein umfassender Lehrgangsteil – am Ende des Buches – Informationen zu grundlegenden Nähtechniken, Hand- und Maschinenapplikationen sowie zum Themenkreis Patchwork und Quilten. Die Vorlagen zu den Modellen sind aufgrund ihrer Größe verkleinert dargestellt.

Die Schwierigkeitsangaben, mit denen die einzelnen Modelle versehen sind, haben folgende Bedeutung:
* = *für Anfänger*
** = *Vorkenntnisse sind erforderlich*
*** = *für Fortgeschrittene*

Ich wünsche Ihnen viel Erfolg und Spaß beim Nacharbeiten der Modelle.

Christa Rolf

Inhaltsverzeichnis

Ein sonniges Gartenfrühstück

Der Frühling in Gelb und Grün

Runde Unterdecke

Schwierigkeitsgrad: *
Größe: 142 cm Durchmesser
Schemazeichnungen: Seite 62

Materialbedarf:
1,50 m gelb-weiß karierter Stoff (W9551/10)
5,00 m weißes Baumwollschrägband

So wird es gemacht:

Den Stoff zur Hälfte doppelt legen und den Mittelpunkt der Stoffbruchlinie mit einer Stecknadel markieren. Von diesem Punkt aus – mit Hilfe eines Maßbandes und eines Bleistiftes – einen Halbkreis mit einem Radius von 72,5 cm markieren. Entlang der markierten Linie den Halbkreis ausschneiden. Den Stoff auseinanderfalten und mit Schrägband einfassen.

Servietten

Schwierigkeitsgrad: *
Größe: 45 x 45 cm

Materialbedarf für 4 Servietten:
1,00 m gelb-weiß karierter Stoff (W9551/10)
0,55 m gelb gestreifter Stoff (W9521/51)
0,35 m grün melierter Stoff (W89763/51)

So wird es gemacht:

Aus dem karierten Stoff 4 Quadrate von 46,5 x 46,5 cm zuschneiden. Aus dem gestreiften Stoff längs des Streifenverlaufs 16 Streifen von 5 cm Breite schneiden; dabei darauf achten, dass die Lage der Streifen in allen Stücken identisch ist.
Für die schmale Biese aus dem grün melierten Stoff über die ganze Stoffbreite 8 Streifen von 3,5 cm Breite schneiden. Von jedem Streifen 2 Stücke von 55 cm Länge abschneiden; so ergeben sich 16 grüne Streifen.
Für die Fertigstellung der aufgesetzten Blende mit Biese siehe Lehrgang „Aufgesetzte Blende mit Biese“.

Stuhlkissen

Schwierigkeitsgrad: **
Größe: 45 x 45 cm

Materialbedarf für 4 Stuhlkissen:
1,50 m gelb-weiß karierter Stoff (W9551/10)
0,55 m gelb gestreifter Stoff (W9521/51)
0,35 m grün melierter Stoff (W89763/51)
1 m weißer Stoff
1 m dünnes Volumenvlies
16 Wäscheknöpfe

So wird es gemacht:

Für die Stuhlkissen zuschneiden:
- aus dem gelb-weiß karierten Stoff:
4 Quadrate von 20,5 x 20,5 cm
- aus dem weißen Stoff:
4 Quadrate von 50 x 50 cm
- aus dem restlichen weißen Stoff:
8 Quadrate von 17 x 17 cm, diagonal halbieren

Jeweils an die 4 Seiten eines gelb-weiß karierten Quadrates vier weiße Dreiecke mit den Längsseiten annähen (siehe Lehrgang Patchwork „Quadrat im Quadrat“).

Aus dem gestreiften Stoff – längs des Streifenverlaufs – 16 Streifen von 8,5 cm Breite schneiden, dabei darauf achten, dass bei allen Stücken die Lage der Streifen exakt übereinstimmt.

Aus dem grün melierten Stoff 8 Streifen von 3,5 cm Breite schneiden. Von jedem Streifen 2 Stücke von 55 cm Länge abschneiden, so ergeben sich 16 grüne Streifen.

Jeweils einen gestreiften und einen grünen Streifen längsseits aneinander nähen, so entstehen 16 Streifensets. Je 1 Set mit der grünen Seite an jede Seite der vorher entstandenen Mittelquadrate mit den weißen Dreiecken annähen und die 4 Ecken mit Briefecken arbeiten (siehe Lehrgang „Briefecke“).

Aus dem Vlies 4 Quadrate von 50 x 50 cm schneiden. Pro Kissen jeweils die 3 Lagen (aus Vorderteil – Vlies – weißem Rückseitenstoff) aufeinander legen und mit Sicherheitsnadeln zusammenstecken. Im Schatten der Naht quilten (siehe Lehrgang „Quilten").

Für die Kissenrückseiten 4 Teile von 47 cm Breite und 63 cm Höhe zuschneiden. Quer zur Höhe jeweils ein Stück von 15 cm Breite abschneiden. In die beiden so entstandenen Rückseitenteile eine Knopfleiste mit 4 Knopflöchern einarbeiten (siehe Lehrgang „Kissenverschlüsse – Knopfleiste").

Für die Bindebänder 16 Streifen von 5,5 x 35 cm aus dem restlichen gelb-weiß karierten Stoff schneiden. Jeden Streifen an der Längsseite rechts auf rechts aufeinander legen und an einer Schmalseite sowie der offenen Längsseite füßchenbreit zusammennähen. Die Bänder wenden.

Die gequiltete Kissenoberseite und die Rückseite des Kissens rechts auf rechts zusammennähen, dabei pro Kissen 2 x 2 Bindebänder mitfassen. Die Nahtzugabe in den Ecken etwas zurückschneiden und versäubern. Kissenhülle wenden und 4 Wäscheknöpfe annähen.

Frühlingsfrische für den Tisch

Mitteldecke mit Tulpenmotiv

Schwierigkeitsgrad: **
Größe: 80 x 80 cm
Vorlagen: Seite 62

Materialbedarf:
0,40 m gelb-weiß karierter Stoff (W9551/10)
1,00 m gelb gestreifter Stoff (W9521/51)
0,20 m gelber Stoff (W89763/50)
0,30 m grün melierter Stoff (W89763/51)
1,30 m weißer Stoff (inkl. Rückseite) (1005/095)

So wird es gemacht:

Folgende Stoffstücke zuschneiden:
- aus dem gelb-weiß karierten Stoff : 1 Quadrat von 20 x 20 cm diagonal zum Fadenlauf schneiden
- aus dem weißen Stoff: 1 Quadrat von 85 x 85 cm (für die Rückseite)
- aus dem restlichen weißen Stoff: 2 Quadrate von 16 x 16 cm, diese diagonal halbieren

Für den Mittelblock jeweils ein weißes Dreieck mit den Längsseiten an die 4 Seiten eines gelb-weiß karierten Quadrates annähen (siehe Lehrgang Patchwork „Quadrat im Quadrat").

Aus dem grün melierten Stoff 2 Streifen von 2,5 cm Breite schneiden, quer halbieren und rings um den Mittelblock annähen.

Für die 4 Blöcke einer Tulpe werden die Dreiecke als „Connector-Ecken" genäht. Mit Hilfe dieser Technik lassen sich auf einfache Art und Weise kleine Dreiecke in die Ecken eines Quadrates setzen.

Für die Tulpenmotive zunächst folgende Stücke zuschneiden:
- aus dem uni gelben Stoff: 24 Quadrate von 6,5 x 6,5 cm
- aus dem weißen Stoff: 16 Quadrate von 4 x 4 cm
- aus dem grünen Stoff: 8 Quadrate von 4 x 4 cm

„Connector-Ecken" nähen:
Auf die Rückseite der weißen und grünen Quadrate mit Bleistift eine Diagonale einzeichnen. Die so markierten kleinen Quadrate jeweils bündig auf eine Ecke eines der 24 gelben Quadrate rechts auf rechts aufstecken (siehe Schemazeichnung 1 im Lehrgang auf Seite 62).
Entlang der markierten Diagonale nähen. Die kleineren Quadrate entlang der Naht umbügeln und den darunter liegenden Stoff bis auf die Nahtzugabe zurückschneiden (siehe Schemazeichnung 2 im Lehrgang auf Seite 62).

Für die Spitze der Tulpenblüte folgende Stücke schneiden:
- aus dem weißen Stoff: 8 Rechtecke von 4 x 6,5 cm
- aus dem weißen Stoff: 8 Quadrate von 4 x 4 cm
- aus dem gelb-weiß karierten Stoff: 8 Quadrate von 4 x 4 cm

Jeweils 1 gelb-weiß kariertes und 1 weißes Quadrat aneinander nähen. Mit jeweils einem weißen Rechteck zu einem Quadrat zusammenfügen (siehe Schemazeichnung 3 im Lehrgang auf Seite 62).
Für die 8 Tulpenblöcke jeweils eines dieser Quadrate, zwei der gelben Quadrate mit weißer Connector-Ecke und einem gelben Quadrat mit grüner Connector-Ecke zu einem Block zusammensetzen (siehe Schemazeichnung 4 im Lehrgang auf Seite 62).

Aus dem weißen Stoff 16 Quadrate von 10 x 10 cm schneiden und diagonal halbieren. Anschließend mit der langen Seite jeweils an die 4 Seiten der Tulpenblöcke ansetzen.

Für die Eckblöcke zuschneiden:
- aus dem gelb-weiß karierten Stoff: 4 Quadrate von 11,5 x 11,5 cm diagonal zum Fadenlauf
- aus dem weißen Stoff: 8 Quadrate von 10 x 10 cm, diese diagonal halbieren

Die so entstandenen Dreiecke jeweils an die 4 Seiten der gelb-weiß karierten Quadrate ansetzen.

Die 8 Blöcke mit dem Tulpenmotiv und die 4 Eckblöcke als Bordüre um den Mittelblock nähen (siehe Schemazeichnung 5 im Lehrgang auf Seite 62).

Aus dem gestreiften Stoff – längs des Streifenverlaufs – 4 Streifen von 8,5 cm Breite schneiden, dabei darauf achten, dass bei allen Stücken die Lage der Streifen exakt übereinstimmt.

Weiter für den Rand zuschneiden:
- aus dem grün melierten Stoff: 4 Streifen von 3,5 cm Breite
- aus dem weißen Stoff: 4 Streifen von 4,5 cm Breite

Jeweils einen grünen, einen gelben und einen weißen Streifen längs aneinander nähen. Anschließend jeweils eines dieser 4 Streifen-Sets an eine Seite der Decke annähen. Der grüne Streifen liegt dabei innen. Die 4 Ecken als Briefecken arbeiten (siehe Lehrgang „Briefecke").

Mit dem bereits zugeschnittenen Rückseitenstoff rechts auf rechts verstürzen und die Decke im Schatten der Naht quilten.

Mucks Mäuschenstill

Ein Reich
für die Kleinen

Wonnig-weiches Reich der Träume

Bettwäsche

Schwierigkeitsgrad: ✻✻
Größe: Kissenbezug: 40 x 60 cm
Bettbezug: 99 x 135 cm
Vorlagen: Seite 63

Materialbedarf:
0,45 m blau gemusterter Stoff (1050/4711)
2,90 m gelb-blau gestreifter Stoff (1050/1817)
0,20 m roter Stoff (1005/82)
0,20 m heller, naturfarbener Stoff (1005/25)
0,20 m Plüschstoff (für Applikation) (P260/40)
0,30 m Stickvlies (für Applikation)
12 Wäscheknöpfe

So wird es gemacht:

Für den Kopfkissenbezug zuschneiden:
• aus dem gestreiften Stoff:
ein Rechteck 41,5 x 61,5 cm (für das Vorderteil)
• aus dem gestreiften Stoff:
ein Rechteck 57 x 61,5 cm (für das Rückenteil)

Für das Rückenteil von der 57 cm langen Seite 15 cm abschneiden, so dass sich zwei Teile von 15 und 42 cm ergeben. Die Knopfleiste mit 5 Knopflöchern einarbeiten (siehe Lehrgang „Kissenverschlüsse – Knopfleiste").

Vorder- und Rückteil rechts auf rechts aufeinander legen und füßchenbreit zusammennähen. Die Nahtzugaben in den Ecken zurückschneiden und die Nähte versäubern. Kissenbezug wenden und die 5 Wäscheknöpfe annähen.

Tipp: Üblicherweise erübrigt sich beim Patchwork ein Versäubern der Nähte, da die Rückseite mit Vlies unterlegt und gequiltet wird. Da dies hier nicht der Fall ist, sollten die Nähte mit Zick-Zack-Stich versäubert werden, um ein Ausfransen zu verhindern.

Für die Patchwork-Bordüre des Bettbezuges zuschneiden:
• aus dem gelben Stoff:
2 Streifen 4,5 cm breit
• aus dem hellen Stoff:
2 Streifen 4,5 cm breit

Jeweils einen gelben und einen hellen Streifen füßchenbreit längs zusammennähen. Die Nahtzugaben zum gelben Stoff hin bügeln. Von den beiden Streifensets insgesamt 33 Stücke von 4,5 cm Breite abschneiden (siehe Schemazeichnung 1 auf Seite 63).
Jedes zweite Stück um 90° drehen, so dass ein Schachbrett-Muster entsteht (siehe Schemazeichnung 2 auf Seite 63). Diese Teile füßchenbreit zusammennähen.

Aus dem roten Stoff 2 Streifen von 2,5 cm Breite zuschneiden und beidseitig der Bordüre annähen. Die Länge der roten Streifen auf die Länge der Bordüre zurückschneiden.

Für den oberen blauen Abschnitt des Bezuges aus dem blau gemusterten Stoff ein Rechteck von 100,5 x 35,5 cm schneiden und an eine Seite der Patchwork-Bordüre nähen. Darauf gemäß Abbildung den Ball und die Katze als Maschinenapplikation anbringen (siehe Lehrgang „Maschinenapplikation").

Aus dem gelb-blau gestreiften Stoff 2 Stücke von 100,5 cm Breite schneiden. Eines dieser Stücke ergibt das obere Teil der Rückseite. Das andere Stück auf eine Höhe von 91,5 cm kürzen und an die andere Seite der Patchwork-Bordüre annähen.

Aus den anderen beiden Teilen die Bezugsrückseite mit Knopfleiste nähen (siehe Lehrgang „Kissenverschlüsse – Knopfleiste").
In die Knopfleiste 7 Knopflöcher einarbeiten.

Vorder- und Rückenteil rechts auf rechts zusammenlegen und füßchenbreit zusammennähen. Die Nahtzugaben in den Ecken zurückschneiden und die Nähte versäubern. Bettbezug wenden und 7 Wäscheknöpfe annähen.

Vorhänge

(Siehe Foto auf Seite 12-13)

Schwierigkeitsgrad: ✻
Größe: 140 cm Breite
150 cm Höhe + 10 cm Schlaufenhöhe

Materialbedarf für 2 Vorhänge:
3,50 m blau gemusterter Stoff (1050/4711)
0,50 m gelb-blau gestreifter Stoff (1050/1817)
0,30 m heller, naturfarbener Stoff (1005/25)
0,15 m roter Stoff (1005/82)

Mit dem roten Stoff 16 Knöpfe beziehen lassen, alternativ 16 rote Knöpfe verwenden.

So wird es gemacht:

Für die beiden Vorhänge 2 Stücke von jeweils 1,66 m Länge über die gesamte Stoffbreite schneiden. Webkante abschneiden und entlang der Längskanten den Stoff 2 x jeweils 1 cm nach innen klappen und festnähen.
Für die obere und untere Kante den Stoff 2 x jeweils 4 cm nach innen klappen und festnähen.

Für die Schlaufen zuschneiden:
• aus dem gelben Stoff:
6 Streifen 3,5 cm breit
• aus dem hellen naturfarbenen Stoff:
6 Streifen 3,5 cm breit

Jeweils einen gelben und einen hellen Streifen füßchenbreit längs zusammennähen. Die Nahtzugaben zum gelben Stoff hin bügeln. Von den sechs Streifensets insgesamt 240 Stücke von 3,5 cm Breite abschneiden (siehe Schemazeichnung 2 auf Seite 63).
Für jede der 16 Schlaufen werden davon 15 Abschnitte benötigt. Dabei jeden zweiten Abschnitt um 90° drehen, so dass ein Schachbrett-Muster entsteht (siehe Schemazeichnung 2 auf Seite 63). Die 15 Abschnitte jeweils füßchenbreit zusammennähen.

Für die Rückseite der Schlaufen 16 entsprechend große Teile aus dem gelben Stoff schneiden. Jeweils 1 Vorder- und 1 Rückteil rechts auf rechts füßchenbreit zusammennähen. Dabei an einer Längsseite ca. 5 cm der Naht zum Wenden geöffnet lassen. Nahtzugabe in den Ecken zurückschneiden, Schlaufe wenden und die Wendeöffnung von Hand schließen.

An jedem Vorhang 8 Schlaufen gleichmäßig verteilt an der oberen Kante annähen. Auf jede Schlaufe einen roten Knopf annähen.

Kinderfantasie zum Kuscheln

Wandbehang

Schwierigkeitsgrad: **
Größe: 83 x 65 cm
Vorlagen: Seite 63

Materialbedarf:
0,75 m blau gemusterter Stoff (1050/4711) (inkl. Rückseite)
0,60 m uni blauer Stoff (1005/91)
0,25 m gelb-blau gestreifter Stoff (050/1817)
0,25 m roter Stoff (1005/82)
0,25 m heller, naturfarbener Stoff (1005/25)
0,20 m Plüschstoff (P260/40)
0,70 m Vlies

So wird es gemacht:

Aus dem blau gemusterten Stoff ein Rechteck von 65 x 47 cm zuschneiden. Darauf gemäß der Abbildung den Ball und die Katze laut Vorlage auf Seite 63 aus Plüschstoff als Maschinenapplikation anbringen (siehe Lehrgang „Maschinenapplikation mit Plüschstoff"). Den Wandbehang jetzt auf die endgültige Größe von 62,5 x 44,5 cm zurückschneiden.

Aus dem roten Stoff 2 Streifen von 2,5 cm Breite zuschneiden und halbieren, das ergibt 4 Streifen für den inneren roten Rand. Diese Streifen ringsum die 4 Seiten des Mittelteils annähen.

Für die Patchwork-Bordüre folgende Teile zuschneiden:
- aus dem gelben Stoff:
3 Streifen von 4,5 cm Breite
- aus dem hellen naturfarbenen Stoff:
3 Streifen von 4,5 cm Breite

Jeweils einen gelben und einen hellen Streifen füßchenbreit längs zusammennähen. Die Nahtzugaben zum gelben Stoff bügeln. Von den drei Streifensets insgesamt 80 Stücke von 4,5 cm Breite abschneiden. Die Bordüre wird fertig gestellt wie bereits bei der Bettwäsche auf Seite 14 beschrieben. Die obere und untere Bordüre bestehen aus jeweils 21 Abschnitten von 4,5 cm Breite, die rechte und die linke Seite aus jeweils 19 Abschnitten.

Zuerst die entsprechenden Bordürenteile an die obere und untere Kante annähen, anschließend die beiden Bordüren rechts und links annähen.
Aus dem roten Stoff 4 Streifen von 2,5 cm Breite schneiden und ringsherum füßchenbreit annähen.

Aus dem uni blauen Stoff 4 Streifen von 4 cm Breite schneiden und ringsherum annähen. Diese Streifen dienen dazu, den roten Rand exakt auf 1 cm Breite anzulegen, was allein mit der breiten Endeinfassung nicht so genau möglich wäre. Die blauen Streifen liegen im fertigen Quilt unter der Endeinfassung und sind daher nicht zu sehen.

Vlies und Rückseitenstoff etwas größer als die Vorderseite zuschneiden. Alle 3 Lagen mit Sicherheitsnadeln aufeinander stecken. Die Mitte mit diagonalen Linien quilten, die Randstreifen im Schatten der Naht (siehe Lehrgang „Quilten").
Für die breite Endeinfassung aus dem blauen Stoff 4 Streifen von 9 cm Breite schneiden und die Endeinfassung anbringen. Dabei an der äußeren Kante des roten Streifens orientieren (siehe Lehrgang „Breite Endeinfassung").

Auf der Rückseite des Wandbehangs als Aufhängung einen Tunnel anbringen (siehe Lehrgang „Aufhängemöglichkeit").

Katzenkissen

Schwierigkeitsgrad: *
Größe: 34 cm Durchmesser
Vorlagen: Seite 63

Materialbedarf:
0,20 m blau gemusterter Stoff (1050/4711)
0,20 m gelb-blau gestreifter Stoff (1050/1817)
0,25 m roter Stoff (1005/82)
0,40 m Plüschstoff (P260/40)
Füllwatte aus Polyester

So wird es gemacht:

Für den Ball die Vorlage auf Seite 63 gemäß Angabe vergrößern. Die 4 Teile des Balls aus den entsprechenden Stoffen mit Nahtzugabe (in der Vorlage nicht enthalten) ausschneiden.
Zum Zusammensetzen zuerst jeweils 2 Teile aneinander nähen, dann über die Mittelnaht die Verbindung herstellen.
Zwei schmale, ca. 20 cm lange Bindebänder aus dem gelb-blau gestreiften Stoff arbeiten. Dazu 2 Steifen von 4 cm Breite und 20 cm Länge zuschneiden, ein kurzes Ende 1 cm zur linken Stoffseite einschlagen. Beide Längskanten zur Mitte bügeln und das Ganze längs zusammenfalten. Die Bänder bügeln und die offenen Kanten knappkantig absteppen.

Aus dem hellen Plüschstoff den Schwanz zuschneiden: ein Teil gemäß Vorlage (zzgl. Nahtzugabe), ein zweites Teil dazu gespiegelt. Beide Teile rechts auf rechts verstürzen. Die Ansatzseite zum Körper geöffnet lassen. Nahtzugabe bis an die Naht einschneiden. Durch die Öffnung den Schwanz wenden und mit Füllwatte ausstopfen.

Für den Körper den Umriss des Balls aus dem Plüschstoff mit Nahtzugabe ausschneiden. Mit der bunten Ballseite rechts auf rechts zusammennähen. Dabei gemäß der Vorlage den Schwanz und die beiden Bindebänder mitfassen. Ein Stück der Naht zum Wenden geöffnet lassen. Nahtzugabe bis an die Naht einschneiden. Den Körper wenden und mit Füllwatte nicht zu fest ausstopfen. Wendeöffnung von Hand schließen.

Für den Kopf das Gesicht der Katze auf den großzügig zugeschnittenen Plüschstoff übertragen. Linien für Augen und Nase mit einem dichten Zick-Zack-Stich nachnähen (siehe Lehrgang „Maschinenapplikation mit Plüschstoff").

Erst dann Vorder- und Rückseite für den Kopf mit Nahtzugabe ausschneiden. Beide Teile rechts auf rechts verstürzen. Dabei ein Stück der Naht zum Wenden geöffnet lassen. Nahtzugabe bis an die Naht einschneiden. Das Kopfteil wenden und mit Füllwatte ausstopfen. Die restliche Naht von Hand schließen und den Kopf an den Körper annähen.

ORO
Lindes

Eine Sommerküche in Blau und Weiß

Karo & Co.

Topflappen

Schwierigkeitsgrad: ✻
Größe: 20 x 20 cm
Vorlagen: Seite 64

Materialbedarf für 2 Topflappen:
0,15 m weiß-blau gestreifter Stoff (W5836/90)
0,15 m blau-weiß gestreifter Stoff (W4000/50)
0,25 m blau-weiß kleinkarierter Stoff für die Rückseite (W4001/80)
0,20 m Thermolam
2,00 m weißes Schrägband

So wird es gemacht:

Aus Pappe ein Quadrat von 20 x 20 cm zuschneiden und diagonal vierteln (siehe Schemazeichnung 1 auf Seite 64). Ein Viertel davon wird als Schablone benötigt. Dazu von der Mitte der Basis bis zur Spitze im rechten Winkel eine Linie markieren (siehe Schemazeichnung 2 auf Seite 64). Diese Linie wird später dazu benötigt, um den Verlauf der Streifen im Stoff exakt anzulegen.

Mit Hilfe der Schablone 4 blau-gestreifte und 4 weiß-gestreifte Dreiecke zuschneiden. Dazu die Schablone so auf die linke Seite des Stoffs legen, dass die markierte Linie oben und unten mit einem Streifen auf dem Stoff übereinstimmt. Die Kontur der Schablone mit einem weichen Bleistift auf den Stoff übertragen. Dreiecke mit Nahtzugabe ausschneiden.

Die Dreiecke gemäß Schemazeichnung 3 auf Seite 64 zusammenlegen und paarweise an der Konturlinie zusammennähen. Anschließend beide Hälften über die Mittelnaht verbinden.

Thermolam und Rückseitenstoff etwas größer als die Vorderseite zuschneiden. Alle 3 Lagen aufeinander stecken. Entlang der Nähte die Topflappen durchsteppen. Thermolam und Rückseitenstoff auf die Größe der Vorderseite zurückschneiden. Ringsum mit Schrägband einfassen, dabei an einer Ecke das Schrägband ca. 14 cm überstehen lassen, daraus einen Aufhänger formen und am Ende der Naht mitfassen.

Tischläufer

(Siehe Foto auf Seite 18-19)

Schwierigkeitsgrad: ✻
Größe: 140 x 45 cm

Materialbedarf für 2 Tischläufer:
1,00 m blau-weiß groß karierter Stoff (W5835/90)
0,45 m blauer Stoff (W9748/50)
0,30 m weißer Stoff (1005/095)

So wird es gemacht:

Folgende Stücke zuschneiden:
• aus dem groß karierten Stoff:
2 Teile 141,5 x 46,5 cm
• aus dem blauen Stoff:
6 Streifen von 6 cm Breite über die gesamte Stoffbreite
• aus dem weißen Stoff:
6 Streifen von 3,5 cm Breite über die gesamte Stoffbreite

Aus zwei blauen Streifen insgesamt 4 Stücke von 53 cm Länge schneiden.
Aus zwei weißen Streifen insgesamt 4 Stücke von 53 cm Länge schneiden.

Die weißen Streifen für die Biese der Länge nach zur Hälfte falten und an die passenden blauen Streifen nähen. Die Fertigstellung der aufgesetzten Biese siehe Lehrgang „Aufgesetzte Blende mit Biese".

Servietten

Schwierigkeitsgrad: *
Größe: 40 x 40 cm

Materialbedarf für 4 Servietten:
0,85 m blau-weiß klein karierter Stoff (W4001/00)
7,50 m weißes Schrägband

So wird es gemacht:
Aus dem klein karierten Stoff 4 Quadrate von 40 x 40 cm zuschneiden. Die Quadrate mit dem weißen Schrägband einfassen.

Menue „à la carte“

Wandbehang

Schwierigkeitsgrad: ✻
Größe: 39 x 30 cm
Vorlage: Seite 69

Materialbedarf:
0,45 m weißer Stoff (1005/095) (inkl. Rückseite)
0,20 m weiß-blau klein karierter Stoff (W4001/00)
0,15 m blau-weiß gestreifter Stoff (W5836/90)
0,15 m blau-weiß karierter Stoff (W5835/90)
0,25 m blauen Stoff (W9748/50)
0,50 m Vlies
1 kleiner Holzlöffel aus dem Dekorationsbedarf

So wird es gemacht:

Aus dem weißen Stoff ein Rechteck von 25 x 35 cm schneiden. Darauf in einem Copy-Shop, der auch den Service "T-Shirt-Copy" anbietet, das Rezept gemäß der Vorlage auf Seite 69 kopieren lassen. Wer ein eigenes Rezept abbilden möchte, kann am Computer über MS Word den Schrifttyp „MUSHU“ verwenden, um die gleiche Schrift zu erhalten. Das Rezept wurde in der Einstellung fett, zentriert und in der Schriftgröße 22 Punkt geschrieben.

Nach dem Kopiervorgang das Mittelteil auf die Größe von 22,5 x 31,5 cm zuschneiden. Dabei darauf achten, dass der Text zentriert dargestellt wird.

Für die Bordüre folgende Streifen zuschneiden:
- aus dem klein karierten Stoff:
2 Streifen von 2,5 cm Breite
- aus dem weiß-blau gestreiften Stoff:
1 Streifen von 8,5 cm Breite
- aus dem blau-weiß kariertem Stoff:
1 Streifen von 8,5 cm Breite

Jeweils einen gestreiften und einen karierten Streifen mit einem schmalen, klein karierten Streifen längs zusammennähen. Von diesen beiden Streifensets jeweils ein Stück von 42 cm Länge und ein Stück von 52 cm Länge abschneiden.
Diese ringsum um das Mittelteil nähen (vgl. Foto) und die 4 Ecken als Briefecken arbeiten (siehe Lehrgang „Briefecke“).

Vlies und Rückseitenstoff etwas größer als die Vorderseite zuschneiden. Alle 3 Lagen mit Sicherheitsnadeln aufeinander stecken. Im Schatten der Naht quilten (siehe Lehrgang „Quilten“. Vlies und Rückseite auf die Größe der Vorderseite zurückschneiden.

Für die breite Endeinfassung aus dem blauen Stoff 2 Streifen von 9 cm Breite schneiden. Diese in der Mitte halbieren und daraus die Endeinfassung anbringen (siehe Lehrgang: „Breite Endeinfassung“).

Auf der Rückseite als Aufhängung einen Tunnel anbringen (siehe Lehrgang „Aufhängemöglichkeit“).

Für die Schleife aus dem klein karierten Stoff einen Streifen von 42 x 6,5 cm schneiden. Den Streifen der Länge nach zur Hälfte falten und alle 3 offenen Seiten füßchenbreit zusammen nähen. Dabei an der Längsseite ca. 5 cm der Naht zum Wenden geöffnet lassen. In den Ecken die Nahtzugabe zurückschneiden. Die Schleife wenden und die Wendeöffnung von Hand schließen. Zur Schleife binden und zusammen mit dem Holzlöffel an das Wandbild nähen.

Vorhänge

Schwierigkeitsgrad: ✻
Größe: 140 cm breit, 135 cm hoch und Bindebänder

Materialbedarf für 2 Vorhänge:
3,50 m weiß-blau gestreifter Stoff (W5836/90)

So wird es gemacht:

Für die beiden Vorhänge 2 Teile von jeweils 1,48 m Länge über die gesamte Stoffbreite schneiden. Webkante abschneiden und den Stoff entlang der Längskanten 2 x jeweils 1 cm nach innen klappen und festnähen. An der unteren Kante den Stoff 2 x jeweils 4 cm nach innen klappen und festnähen. Dieses an der oberen Kante mit 2,5 cm wiederholen.

Für die Bindebänder 4 Streifen von 6,5 cm Breite zuschneiden. Jeden Streifen in 4 Teile von 36 cm Länge schneiden. Jeden dieser 16 Streifen der Länge nach zur Hälfte falten und alle 3 offenen Seiten füßchenbreit zusammennähen. Dabei an der Längsseite ca. 5 cm der Naht zum Wenden geöffnet lassen. In den Ecken die Nahtzugabe zurückschneiden. Die Bänder wenden und die Wendeöffnungen von Hand schließen. Jedes Band quer in der Mitte zusammenfalten. Pro Vorhang werden 8 Bänder als Aufhänger an der oberen Kante gleichmäßig verteilt und an der Rückseite des Vorhangs, bündig zur umgeklappten Kante, festgesteckt. Dabei zeigen beide offenen Enden nach oben.

Eine Einladung zum Fest der Rose

Weiße Verführung

Organzadecke mit Rosen

(Siehe Foto Seite 24-25)

Schwierigkeitsgrad: ✱✱✱
Größe: 250 x 350 cm
Vorlage: Seite 65

Materialbedarf:
11 m Seidenorganza, 1 m breit
13,5 m weißes Satinschrägband
1 m Stickvlies

Hinweis: Für diese üppige Decke aus dem edlen Seidenorganza wurden 3 Bahnen von 1 m Breite der Länge nach aneinander genäht. Etwas sparsamer im Stoffverbrauch ist Organza mit einer Stoffbreite von 1,40 m; dabei werden nur 2 Bahnen in der Länge der Tischdecke benötigt.

So wird es gemacht:

- Aus dem Organza 3 Bahnen von 3,60 m Länge schneiden.
- Webkanten entfernen und die 3 Bahnen entlang der Längskanten mit Kappnähten verbinden.
- Zum Aufzeichnen der Bogenkante die Decke der Länge nach zur Hälfte aufeinander stecken, damit die beiden Lagen nicht verrutschen.
- Die Kurvenschablone aus dem Vorlagenteil auf Seite 65 auf Pappe übertragen.
- Den Bogen an den kürzeren Seiten 2 1/2 x anzeichnen (ergibt 5 Bögen, da der Stoff doppelt liegt).
- Den Bogen an der offenen Längsseite 7 x aufzeichnen.
- Die beiden Stofflagen zusätzlich parallel zu den Bögen mit Stecknadeln aufeinander stecken.
- Bögen entlang der Markierung ausschneiden.
- Decke auseinander klappen und mit weißem Satinschrägband einfassen.
- Aus dem restlichen Organza in jeden zweiten Bogen eine Rose als Maschinenapplikation anbringen.

Tipp: Für die Verarbeitung von Organza-Stoffen unbedingt Hinweise im Lehrgang „Maschinenapplikation mit Organza" beachten!

Kleine Rose

Schwierigkeitsgrad: ✱
Größe: Durchmesser 7 cm
Vorlage: Seite 65

Materialbedarf für die Leinen-Rose:
Reste von weißem Leinen
Volumenvlies
Stickvlies
ggf. dünne Kordel als Aufhänger

So wird es gemacht:

Konturen, inklusive der inneren Linien der kleinen Rose, seitenrichtig mit einem Markierungsstift auf die Leinenvorderseite übertragen. Dazu eignet sich ein selbstlöschender oder wasserlöslicher Markierungsstift. Motiv großzügig ausschneiden. Volumenvlies und die Rückseite aus Leinen entsprechend groß zuschneiden. Alle 3 Lagen aufeinander stecken und entlang sämtlicher Markierungen mit einem normalen Gradstich zusammennähen. Entlang der äußeren Kontur die Rose knappkantig ausschneiden. Motiv auf ein größeres Stück Stickvlies legen und sämtliche Nähte mit einem dichten Zick-Zack-Stich nachnähen. Gegebenenfalls ein Stück Kordel als Aufhänger mitfassen und danach das Stickvlies entfernen.

Materialbedarf für die Organza-Rose:
Reste von weißem Organza
Stickvlies

So wird es gemacht:

Die Verarbeitung erfolgt wie bei der Leinen-Rose, jedoch ohne die Mittellage aus Volumenvlies. Dadurch erhält diese Rose einen transparenten und sehr edlen Charakter.

Servietten

Schwierigkeitsgrad: ✻
Größe: 46,5 x 46,5 cm
Vorlage: Seite 64

Materialbedarf für 6 Servietten:
1,00 m Leinen 1,80 m breit
1,40 m Stickvlies
Reste von Seidenorganza

So wird es gemacht:

Das Schnittmuster für die Servietten aus dem Vorlagenteil auf Seite 64 kopieren. Aus dem Leinenstoff 6 Quadrate von ca. 50 x 50 cm schneiden.
Das Schnittmuster übertragen und entlang der markierten Linie ausschneiden. Unter den Rand ca. 10 cm breite Stickvlies-Streifen legen. Entlang der Bogenkante die Serviette knappkantig auf das Stickvlies nähen. Anschließend den Rand mit einem dichten Zick-Zack-Stich einfassen. Stickvlies entfernen. Die kleine Rose als Maschinenapplikation anbringen.

Tipp: Bitte unbedingt die Hinweise im Lehrgang „Maschinenapplikation mit Organza" beachten!

Duftig verhüllt

Dekoratives Organzakissen

Schwierigkeitsgrad: *
Größe: Durchmesser 32 cm

Materialbedarf:
0,35 m Seidenorganza oder die Reste von der großen Tischdecke verwenden.
Schleierband
Seidenkordel (ca. 2 m Länge)
Für die Füllung: Seidenrosen, Rosenblätter und Grasfaser

So wird es gemacht:

Auf das Seidenorganza einen Kreis von 32 cm aufzeichnen (das entspricht der Größe einer Tortenplatte). Die Kreisform großzügig ausschneiden und auf eine zweite, gleich groß zugeschnittene Lage Organza stecken. Die zwei Lagen entlang der Markierung zusammennähen. Dabei ca. 20 cm der Naht geöffnet lassen.
Die Kreisform knappkantig ausschneiden und die Füllung durch die Öffnung schieben. Restliche Naht schließen und die Kissenhülle mit einem Zick-Zack-Stich versäubern.

Die Seidenkordel entlang des äußeren Randes von Hand aufnähen. Aus dem Schleierband eine Schleife binden und ebenfalls festnähen.

Stuhlhussen

Schwierigkeitsgrad: ***
Größe: individuell auf den Stuhl anpassen
Vorlage: Seite 65

Materialbedarf für 6 Hussen:
8,50 m weißer Leinenstoff, 1,80 m breit ggf. Reste von Seidenorganza für eine Applikation im Bereich der Rückenlehne der Husse

Tipp:
Um eine Stuhlhusse passgenau zu nähen, ist eine „Anprobe" am Modell unbedingt erforderlich. Die Hussen in der nachfolgenden Anleitung passen für das Modell HOSTNTI von der Firma CAR Selbstbaumöbel. Für andere Stühle sind entsprechende Berechnungshilfen angegeben.

So wird es gemacht:

Für die Länge des durchgehenden Mittelteils der Husse beim eigenen Stuhl bitte abmessen und die Einzellängen addieren (siehe Schemazeichnung 1 auf Seite 65):
Gesamthöhe des Stuhls (inklusive der Rückenlehne)
\+ Dicke der Rückenlehne
\+ Gesamthöhe der Rückenlehne bis zur Sitzfläche
\+ Tiefe der Sitzfläche
\+ Maß von der vorderen Kante bis zum Boden
\+ 4 cm Saum (2 x 2 cm)
\+ 5 cm Sicherheitszuschlag
= Zuschnittlänge des Mittelteils

Für die Zuschnittbreite des Mittelteils die breiteste Stelle des Stuhls messen und ebenfalls 4 cm addieren. Bei unserem Modell betragen die Zuschnittmaße 2,36 x 0,50 m. Nach diesem Maß 6 Mittelteile zuschneiden.

Für die großen Schleifen auf der Rückseite der Stühle 24 Streifen (für jeden Stuhl 4 Streifen) von 14,5 x 90 cm schneiden. Jeweils 2 Streifen rechts auf rechts aufeinander stecken und an einer Seite im 45° Winkel spitz zuschneiden. Die beiden Längskanten und die angeschrägte Seite füßchenbreit zusammennähen. Die Nahtzugabe an den Ecken zurückschneiden. Das Schleifenband durch die offene Seite wenden und diese mit einem Zick-Zack-Stich versäubern.

Das lange Mittelteil für die Stuhlhusse mit der rechten Seite nach unten über den Stuhl legen (siehe Schemazeichnung 1 auf Seite 65). Die Seitennähte entlang der Rückenlehne markieren und entlang dieser Markierung jede Stoffkante einzeln versäubern. Die Rückenlehnen-Naht mit 2 cm Nahtzugabe schließen, dabei 25 cm von der oberen Kante entfernt die beiden Schleifenbänder mitfassen.
Für die beiden Seitenteile der Husse beim eigenen Stuhl abmessen:
• die Tiefe der Sitzfläche (von vorne bis zum Holm der Rückenlehne)
• die Höhe der Sitzfläche bis zum Boden
Zu beiden Maßen jeweils 4 cm Nahtzugabe

addieren und zuschneiden. Bei unserem Modell beträgt das Zuschnittmaß 0,42 x 0,52 m.

An beiden Außenkanten jedes Seitenteils die Stoffkanten jeweils 2 x 1 cm nach innen umlegen und festnähen.
Die beiden Seitenteile jeweils rechts auf rechts an das Mittelteil der Husse stecken. Die Naht mit 2 cm Nahtzugabe schließen und alle offenen Stoffkanten jeweils 2 x 1 cm nach innen umlegen und festnähen. Die Nahtzugabe der Seitenteile ebenfalls mit umlegen und festnähen.
Die Husse wird mit 8 Bindebändern in ihrer Position gehalten. Dazu aus dem restlichen Stoff 48 Streifen von 7 x 32 cm schneiden. Diese entlang der Längskante rechts auf rechts zur Hälfte legen. Anschließend die lange und eine kurze Seite füßchenbreit zusammennähen. Die Nahtzugabe in den Ecken zurückschneiden. Die Bänder durch die offene Seite wenden und diese mit Zick-Zack-Stich versäubern.
Pro Stuhlbein 2 Bindebänder ca. 10 cm unterhalb der Sitzfläche unter die Naht stecken und festnähen.
Die Bindebänder zu Schleifen binden. Die breiten Bänder auf der Stuhlrückseite ebenfalls zur Schleife binden.

Tipp:
Aus den Organza-Resten der Decke können Sie zusätzlich Streifenbänder nähen und diese auf der Stuhlrückseite zusammenbinden (siehe Foto).

Wohnen mit den Farben der Natur

Wohlfühlkissen für Zuhause

Hinweis: Waffelpikee bitte unbedingt vorwaschen, da dieser Stoff bei der Wäsche stärker einläuft als die Kombinationsstoffe.

Großes Kissen

(Siehe Foto auf Seite 30-31)

Schwierigkeitsgrad: *
Größe: 40 x 80 cm

Materialbedarf:
0,50 m Streifen-Waffelpikee (W1204/50)
0,50 m beigefarbener Stoff (P9772/50)
1 Reißverschluss (40 cm)

So wird es gemacht:

Bei diesem Kissen sind Vorder- und Rückseite identisch genäht. Für die beiden mittleren Teile aus dem Waffelpikee 2 Quadrate von 41,5 x 41,5 cm zuschneiden. Für die seitlichen Blenden aus dem gleichen Stoff 4 Streifen von 41,5 x 10,5 cm schneiden. Diese Streifen der Länge nach zur Hälfte links auf links stecken.

Für die seitlichen Teile aus dem beigefarbenen Stoff 4 Rechtecke von 41,5 x 21,5 cm schneiden. An die beiden Mittelquadrate jeweils rechts und links ein beigefarbenes Rechteck annähen. Dabei die Blenden in der Naht mitfassen.

An der unteren Kante der Kissenhülle, zwischen dem Vorder- und Rückteil, den Reißverschluss einnähen (siehe Lehrgang „Kissenverschlüsse Reißverschluss").

Die anderen 3 Seiten schließen und versäubern. Die Kissenhülle wenden.

Nackenrolle

Schwierigkeitsgrad: *
Größe: 50 cm lang und 17,5 cm Durchmesser

Materialbedarf:
0,65 m Streifen-Waffelpikee (W1204/50)
0,15 m beigefarbener Stoff (P9772/50)
0,25 m Volumenvlies
1 Schaumstoffrolle 50 cm lang, 17,5 cm Durchmesser
1 Reißverschluss (40 cm)
2 Knöpfe mit beigefarbenem Stoff bezogen oder 2 andere passende Knöpfe zum Unternähen

So wird es gemacht:

Hinweis: Der Bezug für diese Nackenrolle wurde mit einer Nahtzugabe von 1 cm gearbeitet, da für das Einsetzen des Reißverschlusses und der dicken Paspeln diese Nahtzugabe besser zu handhaben ist.

Aus dem Waffelpikee ein Rechteck von 56,2 x 52 cm schneiden. Die beiden Seiten mit der Kantenlänge von 52 cm aufeinander legen und dort den Reißverschluss einarbeiten (siehe Lehrgang „Kissenverschlüsse: Reißverschluss"). Auf diese Weise entsteht ein Stofftunnel.

Aus dem beigefarbenen Stoff 2 Streifen von 7 cm Breite und 56,5 cm Länge zuschneiden. Jeden Streifen jeweils an den kurzen Seiten zusammennähen, so dass 2 Ringe entstehen.

Aus dem Volumenvlies 2 Streifen schneiden mit einer Breite von 10 cm und einer Länge von 65 cm. Diese Streifen zu Wülsten einrollen und heften. Jeweils in einen beigefarbenen Stoffring legen und das Vlies erst dann auf die exakt erforderliche Länge kürzen. Die so entstandenen dicken Paspeln an die beiden Außenkanten des Stofftunnels heften.

Für die Seitenteile aus dem Waffelpikee 2 Streifen von 12 cm Breite und 56,5 cm Länge zuschneiden. An den beiden kurzen Seiten zu 2 Ringen zusammennähen, anschließend mit der rechten Seite auf die beiden Paspeln heften.

Für das Zusammennähen der Nähte den Reißverschluss-Fuß benutzen, um möglichst dicht an der Paspel entlang nähen zu können. Anschließend die Naht mit Zick-Zack-Stich versäubern und die Heftstiche entfernen.

Den so zusammengesetzten Stofftunnel mit der linken Seite nach außen über die Schaumstoffrolle ziehen. Die offenen Kanten auf das erforderliche Maß zusammenraffen, mit möglichst reißfestem Garn umwickeln und dieses verknoten. Die Raffung mit einigen Stichen von Hand befestigen. Die Schaumstoffrolle wieder herausnehmen und den Bezug auf die rechte Seite wenden und jeweils einen Knopf auf die Mitte der Raffung nähen.

Natürlich schön

Kissen mit Applikationen

(Siehe Foto auf Seite 33)

Hinweis: Für beide Kissenhüllen wurden Materialreste des großen Quilts auf dieser Seite verwendet. Sollen nur die Kissen genäht werden, bitte die Stoffmengen berücksichtigen.

Schwierigkeitsgrad: *
Größe: 53 x 40 cm
Vorlage: Seite 64

Materialbedarf:
0,50 m Streifen-Waffelpikee (W1204/50)
1 Reißverschluss (30 cm)
• *Für die Applikation:*
Reste von beigefarbenem Stoff
1 Stück Vliesofix (15 x 10 cm)
4 Metall-Ösen (8 mm Durchmesser)
30 cm Kordel

So wird es gemacht:

Bei diesem Kissen sind Vorder- und Rückseite identisch genäht. Für die beiden mittleren Teile aus dem Waffelpikee 2 Quadrate von 41,5 x 41,5 cm zuschneiden.

Für die Seitenteile 4 Streifen von 8 x 41,5 cm zuschneiden, bei denen die Streifen des Waffelpikees parallel zur Länge verlaufen. Jeweils 2 Streifen an die rechte und linke Seite von Vorder- und Rückseite nähen. An der unteren Kante zwischen Vorder- und Rückseite den Reißverschluss einnähen (siehe Lehrgang Kissenverschlüsse: „Reißverschlüsse").

Die anderen 3 Seiten schließen und versäubern. Die Kissenhülle wenden und entlang der seitlich angesetzten Streifen absteppen. Die beiden Applikationsmotive von Hand aufnähen (siehe Lehrgang „Applikation zum Aufnähen").

Kissen mit Knopf

(Siehe Foto auf Seite 35)

Schwierigkeitsgrad: *
Größe: 40 x 40 cm
Vorlage: Seite 64

Materialbedarf:
0,65 m Streifen-Waffelpikee (W1204/50)
Reste von beigefarbenem Stoff (P9772/50)
1 Reißverschluss (30 cm)
1 Holzknopf

Für die Applikation:
1 Stück Vliesofix (10 x 10 cm)
2 Metall-Ösen (8 mm Durchmesser)
20 cm Kordel

So wird's gemacht:

Aus Pappe ein Quadrat von 40 x 40 cm zuschneiden und diagonal halbieren. Eine Hälfte davon wird als Schablone benötigt. Dazu von der Mitte der Basis bis zur Spitze im rechten Winkel eine Linie markieren. Diese Linie wird später dazu benötigt, um den Verlauf der Streifen im Stoff exakt anzulegen (siehe auch Abbildungen „Topflappen" auf Seite 64).

Mit Hilfe dieser Schablone 1 Dreieck zuschneiden. Dazu die Schablone so auf die linke Seite des Stoffs legen, dass die markierte Linie oben und unten mit einem Streifen auf dem Stoff übereinstimmt. Die Kontur der Schablone mit einem weichen Bleistift auf den Stoff übertragen. Das Dreieck mit Nahtzugabe ausschneiden.

Für das andere Dreieck die Schablone so auf die linke Seite des Stoffes legen, dass die Streifen parallel zur langen Kante des Dreieckes verlaufen. Ebenfalls die Kontur der Schablone markieren und das Dreieck mit Nahtzugabe ausschneiden.

Aus dem beigefarbenen Stoff einen 2,5 cm breiten und 60 cm langen Streifen zuschneiden. Den Streifen links auf links der Länge nach zur Hälfte stecken.

Die beiden Dreiecke rechts auf rechts bündig zusammenlegen. Entlang der langen Kante des Dreieckes den vorbereiteten beigefarbenen Streifen so dazwischen stecken, dass die offene Längsseite nach außen zeigt. Lange Seite entlang der markierten Linie zusammennähen.

Für die Rückseite aus dem Waffelpikee 1 Quadrat von 41,5 x 41,5 cm zuschneiden. An der unteren Kante, zwischen Vorder- und Rückenteil, einen Reißverschluss einnähen (siehe Lehrgang „Kissenverschlüsse: Reißverschluss").

Vorder- und Rückenteil rechts auf rechts legen. Die restlichen 3 Seiten schließen und die Nähte versäubern. Die Kissenhülle wenden und das Applikationsmotiv und den Holzknopf von Hand aufnähen (siehe Lehrgang „Applikation zum Aufnähen").

Naturfarbener Quilt

Schwierigkeitsgrad: **
Größe: 138 x 195 cm
Schemazeichnungen: Seite 64
Vorlage: Seite 64

Materialbedarf:
1,60 m Karo-Waffelpikee (W1204/00)
4,25 m Streifen-Waffelpikee (W1204/50)
0,30 m heller naturfarbener Stoff (1005/25)
2,20 m beigefarbener Stoff (P9772/50)
2,10 m Volumenvlies

Für die Applikation:
0,15 m Vliesofix
0,15 m Stickvlies
0,60 m Kordel
8 Metall-Ösen (8 mm Durchmesser)

So wird es gemacht:

Aus dem Karo-Waffelpikee ein Rechteck von 88,5 x 150,5 cm für das Mittelteil zuschneiden. Das Stück Streifen-Waffelpikee quer halbieren. Die eine Hälfte davon für die Rückseite beiseite legen. Aus der anderen

Hälfte, parallel zu den Längsstreifen, 4 Streifen mit 19 cm Breite zuschneiden. Dabei darauf achten, dass die Lage der Streifen bei allen Stücken identisch ist.
2 dieser Streifen auf eine Länge von 1,50 m kürzen – sie werden später für die kürzeren Seiten des Quilts benötigt.

Aus dem beigefarbenen Stoff folgende Stücke über die gesamte Stofflänge von 2,20 m schneiden:
- 4 Streifen von 10 cm Breite – diese vorerst beiseite legen, sie dienen zur Endeinfassung.
- 8 Streifen von 3,5 cm Breite, davon 4 Streifen auf 1,50 m Länge kürzen.

Aus dem naturfarbenen Stoff, diesmal über die gesamte Stoffbreite von 1,50 m, 6 Streifen von 3,5 cm Breite zuschneiden. 4 dieser Streifen zu 2 langen Streifen für die Längsseiten zusammensetzen.
Die so zugeschnittenen Stücke zu 2 langen und 2 kürzeren Streifensets zusammensetzen (siehe Schemazeichnung auf Seite 64). Diese 4 Streifensets an allen Seiten des Mittelteils annähen und die 4 Ecken als Briefecken arbeiten (siehe Lehrgang: „Briefecke“).
Vlies und Rückseitenstoff etwas größer als die Vorderseite zuschneiden. Alle 3 Lagen der Reihe nach aufeinander legen und mit Sicherheitsnadeln zusammenstecken. Die Mitte mit diagonalen Linien quilten, dabei am Verlauf der Karos im Stoff orientieren. Die Randstreifen im Schatten der Naht und längs des Waffelpikee-Streifenmusters quilten (siehe Lehrgang „Quilten“). Die Endeinfassung aus dem beigefarbenen Stoff anbringen (siehe Lehrgang: “Breite Endeinfassung“). Die Applikationsmotive von Hand aufnähen (siehe Lehrgang „Applikation zum Aufnähen“).

Ornamente aus der Natur

Wandbilder mit freier Maschinenstickerei

Diese relativ freien Arbeiten sollen als Anregungen verstanden werden und lassen Platz für die eigene Kreativität.

Durch den Einsatz von verschiedenen Garnen und Stichen wird jedes Teil immer ein Unikat bleiben. Eine Erklärung der verwendeten Stiche findet sich im Lehrgangsteil „Freies Maschinensticken". Das Bedienungshandbuch der eigenen Nähmaschine dürfte bei der Umsetzung gute Dienste leisten.
In jedem Fall sollten die einzelnen Stiche zuerst auf einem Probelappen ausprobiert werden (siehe Lehrgang „Freies Maschinensticken").

Schwierigkeitsgrad: ***
Größe: jeweils 33 x 26 cm

Materialbedarf für das 3er Set:

1,00 m heller naturfarbener Stoff (1005/25) (inkl. Rückseitenstoff)
0,25 m beigefarbener Stoff (P9772/50)
0,50 m Streifen-Waffelpikee (W1204/50)
0,50 m Volumenvlies
kleine Reste von grobem Rupfen und farblich passenden Dekostoffen
größere Auswahl farblich passender Garne

So wird es gemacht:

Aus dem hellen naturfarbenen Stoff 3 Teile von 30 x 40 cm schneiden. Als verbindende Gestaltungsform – für alle drei Bilder dieses Ensembles – sind blattähnliche Formen gewählt worden.

Dazu aus dem Dekostoff die asymmetrischen Formen ausschneiden und auf dem Stoff arrangieren. Mit einem normalen Gradstich entlang der äußeren Kante auf dem Trägerstoff befestigen. Die Außenkanten der applizierten Teile und die Zwischenräume werden anschließend mit den unterschiedlichsten Zierstichen versehen.

Wenn die Stoffoberfläche fertig gestaltet ist, den hellen Stoff auf die Größe von 26 x 30 cm zurückschneiden, die Lage der Motivausschnitte dabei passend aufeinander abstimmen.

Vlies und Rückseitenstoff etwas größer als die Vorderseite zuschneiden. Alle 3 Lagen mit Sicherheitsnadeln aufeinander stecken und entsprechend des Motivs mit einigen Quiltlinien verbinden (siehe Lehrgang „Quilten").

Für den schmalen Streifen aus dem beigefarbenen Stoff je Bild einen 7 cm breiten Streifen zuschneiden und links auf links der Länge nach zur Hälfte bügeln. Anschließend etwas größer als die benötigte Länge zuschneiden. Einen Streifen davon rechts auf rechts bündig an die Außenkante des Bildes legen, so dass die offene Seite nach außen zeigt. Den Streifen aufklappen und auf dem Bild feststecken. Im Falz annähen, wieder zuklappen, bügeln und auf die exakt benötigte Länge kürzen. Diesen Vorgang für die gegenüberliegende Seite wiederholen. Danach die beiden anderen Streifen ebenso anbringen.

Für die breite Endeinfassung aus dem Waffelpikee 8 cm breite Streifen schneiden; dabei darauf achten, dass bei allen Stücken die Lage der Streifen exakt übereinstimmt. Die Endeinfassung anbringen (siehe Lehrgang "Breite Endeinfassung").

Auf der Rückseite der Bilder jeweils oben einen Tunnel für die Aufhängung anbringen (siehe Lehrgang „Aufhängung").

Ein Herbstabend auf dem Land

Country, Kürbis & Co.

Servietten

Schwierigkeitsgrad: ✻
Größe: 40 x 40 cm
Vorlage: Seite 68
Schemazeichnung: Seite 68

Materialbedarf für 2 Servietten:

0,45 m orange-farbener Stoff (P9347/56)
0,25 m grüner Stoff (W9770/50)
Für die Applikation: Reste von klein kariertem Stoff, z.B. aus der Mitteldecke
Für die Bänder: Reste von groß kariertem Stoff, z.B. aus der Mitteldecke

So wird es gemacht:

Aus dem orange-farbenen Stoff 2 Quadrate von 41,5 x 41,5 cm zuschneiden.

Aus dem grünen Stoff 3 Streifen von 6,5 cm Breite schneiden, daraus wiederum 8 Stücke von 46 cm Länge schneiden. Aus diesen Streifen die aufgesetzten Blenden arbeiten (siehe Lehrgang „Aufgesetzte Blende“).

Die Blattapplikation aus klein kariertem Stoff schneiden und anbringen (siehe Lehrgang: „Maschinenapplikation“).

Für die Bänder aus dem groß karierten Stoff 4 Streifen von 4 cm Breite und 67 cm Länge schneiden. Jeden Streifen an beiden Seiten auf einen 45°-Winkel abschrägen, abschließend jeweils 2 Streifen rechts auf rechts verstürzen. Servietten mit den Schleifen dekorieren.

Unterdecke

Schwierigkeitsgrad: ✻
Größe: 140 x 170 cm

Materialbedarf:
1,80 m karierter Stoff (P9330/00)

So wird es gemacht:

Den Stoff zu einer Größe von 1,44 x 1,74 m fadengerade entlang des Karos zuschneiden. Die Stoffkanten an allen Seiten 2 x jeweils 1 cm nach innen klappen und fest steppen.

Mitteldecke

Schwierigkeitsgrad: ✻✻
Größe: 80 x 80 cm

Materialbedarf:

0,50 m groß karierter Stoff (P9330/00)
0,30 m klein karierter Stoff (P9331/00)
0,20 m orange-farbener Stoff (P9347/56)
0,90 m grüner Stoff (P9770/50) (inkl. Rückseitenstoff)

So wird es gemacht:

Folgende Stücke zuschneiden:

• aus dem groß karierten Stoff:
1 Quadrat 46,5 x 46,5 cm (für die Mitte);
4 Quadrate 11,5 x 11,5 cm

• aus dem klein karierten Stoff:
2 Streifen 11,5 cm breit, daraus 4 Streifen von 51,5 cm Länge schneiden

• aus dem orange-farbenen Stoff:
4 Quadrate von 6,5 x 6,5 cm;
2 Streifen von 4 cm Breite, daraus 4 Streifen von 46,5 cm Länge schneiden

• aus dem grünen Stoff:
1 Quadrat von 85 x 85 cm (für die Rückseite);
4 Streifen von 6,5 cm Breite und 71,5 cm Länge;
4 Quadrate von 4 x 4 cm

An zwei gegenüberliegenden Seiten des großen Mittelquadrates 2 orange-farbene Streifen annähen. An beiden Enden der 2 verbleibenden orange-farbenen Streifen je 1 grünes Quadrat annähen. Mit den so zusammengesetzten Streifen die Umrandung des Mittelquadrates fertig stellen.

***Hinweis:** Bitte den Lehrgangsteil: „Patchwork – Eingesetzte Ecken" beachten.*

Nach der gleichen Methode zunächst die breite Umrandung aus dem klein karierten Stoff und den groß karierten Eckquadraten ansetzen, anschließend die grünen Streifen mit dem orange-farbenen Quadrat annähen.

Die Vorderseite mit dem bereits zugeschnittenen Rückseitenstoff rechts auf rechts verstürzen und die Decke im Schatten der Naht quilten.

Eine Kuschelecke für den Winter

Lustige Schneemänner

Quilt

Schwierigkeitsgrad: ***
Größe: 128 x 180 cm
Vorlagen: Seite 66 und 67

Materialbedarf:
0,85 m blau-grün groß karierter Stoff (P9783/00)
1,20 m blau-grün klein karierter Stoff (P9298/00)
0,30 m dunkelblauer Stoff (P9795/50)
1,00 m heller naturfarbener Stoff (1005/025)
2,00 m Plüschstoff (1804/025)
7,00 m helles naturfarbenes Schrägband
blaues und rotes Stopfgarn

So wird es gemacht:

Tipp: Dieser Quilt enthält eine Reihe von Applikationen, die von Hand aufgenäht werden. Bitte dazu den Lehrgangsteil „Applikationen von Hand" beachten.

Aus dem groß karierten Stoff ein Rechteck von 75,5 x 127,5 cm zuschneiden. In die 4 Ecken die Schneelandschaft aus dem hellen naturfarbenen Stoff von Hand, entlang der geschwungenen Linie applizieren.

Aus dem hellen Stoff 4 Streifen von 3,5 cm Breite schneiden und ringsherum an alle 4 Seiten annähen, dabei die offenen Kanten der Schneelandschafts-Applikation mitfassen.

Aus dem klein karierten Stoff 2 Streifen von 26,6 x 131,5 cm schneiden und an die Längsseiten annähen.

Für die kurzen Seiten – ebenfalls aus dem klein karierten Stoff – 2 Streifen von 26,5 x 79,5 cm schneiden. Aus dem dunkelblauen Stoff 2 Quadrate von 26,5 x 26,5 cm schneiden und jeweils an die beiden kurzen Seiten des Streifens annähen. Die so zusammengesetzten Streifen an die kurzen Seiten des Quilts annähen. Dabei auf Passgenauigkeit an den Nahtpunkten achten (siehe Lehrgang „Patchwork – eingesetzte Ecken").

Schneemänner, Tannenbäume und Schneelandschaft der äußeren Quadrate von Hand applizieren. Einzelheiten der Schneemänner mit rotem und blauem Stopfgarn aufsticken (siehe Lehrgang: „Applikationen von Hand").

Für den Zaun das Schrägband entsprechend der Falze aufeinander bügeln. Für die Zaunpfähle Stücke von 15 cm Länge abschneiden und auf den Untergrund stecken. Die offenen Kanten umschlagen. Jeden Zaunpfahl knappkantig aufsteppen.
Für die Querlattung des Zauns entsprechend lange Streifen aus Schrägband etwas geschwungen aufstecken, die offenen Kanten umschlagen und alles knappkantig aufsteppen.

Den Plüschstoff für die Rückseite flach ausbreiten, rechte Seite nach unten. Die Oberseite des Quilts mit der rechten Seite nach oben glatt darauf legen. Dabei darauf achten, das der Plüschstoff an allen Seiten gleichmäßig übersteht; ggf. die Schnittkante des Plüschstoffs begradigen.
Den überstehenden Stoff 2 x zur Vorderseite klappen und knappkantig feststeppen. Entlang des inneren hellen Randes des Mittelmotivs ebenfalls feststeppen.

Traumhafte Winterwelt

Großes Kissen mit Plüschapplikation

Schwierigkeitsgrad: ✻✻
Größe: 66 x 46 cm
Vorlagen: Seite 66

Materialbedarf:
0,45 m blau-grün klein karierter Stoff (P9298/00)
0,55 m dunkelblauer Stoff (P9795/50)
0,10 m heller, naturfarbener Stoff (1005/025)
0,40 m Plüschstoff (1804/025)
1 Reißverschluss (50 cm lang)
1 Kissenfüllung 40 x 60 cm

Allgemeine Hinweise:

Im Vorlagenteil auf Seite 66 befindet sich das verkleinerte Schnittmuster für diese Kissenhülle. Wer die Kissenhülle exakt nacharbeiten möchte, sollte den Linienverlauf auf ein Gitternetz mit 5 cm Kantenlänge übertragen. Gut geeignet für diese Gitter ist auch Rasterquick-Quadrat. Dieses Vlies ist mit einem 1-cm-Gitter bedruckt und verfügt bereits über eine 5-cm-Markierung.

Da sich der Plüschstoff mit herkömmlicher Technik nicht ganz einfach in Kurven vernähen lässt, wurde im vorliegenden Modell eine andere Verarbeitungsweise gewählt. Dazu den Schnitt für den hellen Plüsch auf die Rückseite übertragen und ringsherum mit Nahtzugabe ausschneiden. Entlang der geschwungenen Nahtlinie mit einem entsprechend langen Stück Schrägband rechts auf rechts verstürzen. Anschließend das Schrägband auf die Rückseite des Plüschstoffs klappen und heften. Entsprechend der Vorlage die so versäuberte Kante des Plüschstoffs von Hand auf den Unterstoff applizieren. Die anderen offenen Kanten werden zusammen mit dem Unterstoff mit der nächsten Naht gefasst. Bei größeren Flächen den Plüschstoff an wenigen, gleichmäßig verteilten Stellen, durch Handstiche mit dem Unterstoff verbinden.

So wird es gemacht:

Aus dem klein karierten Stoff ein Rechteck von 61,5 x 41,5 cm zuschneiden. Die Schneelandschaft aus dem Plüschstoff applizieren. Die beiden Tannenbäume und den Stern, gemäß der Vorlage auf Seite 66, aus dem hellen naturfarbenen Stoff applizieren.

Für die Rückseite aus dem dunkelblauen Stoff ein Rechteck von 68 x 50 cm ausschneiden. Auf etwa einem Drittel der Höhe teilen und einen Reißverschluss einarbeiten (siehe Lehrgang: „Kissenverschlüsse: Reißverschluss").

Aus dem restlichen blauen Stoff 4 Streifen von 5 cm Breite zuschneiden und an die 4 Seiten der Kissenhülle annähen.

Vorder- und Rückseite rechts auf rechts verstürzen. Die Nahtzugaben in den Ecken zurückschneiden.

Kissenhülle wenden und entlang der angesetzten blauen Kante durch Vorder- und Rückseite steppen, so dass ein abstehender Rand entsteht.

Rundes Kissen

Schwierigkeitsgrad: ✻
Größe: Durchmesser 36 cm

Materialbedarf:
0,40 m blau-grün klein karierter Stoff (P9298/00)
0,40 m Plüschstoff (1804/025)
1,00 m dickeres Volumenvlies
1,35 m ca. 8 mm dicke Baumwollkordel
1 Unternähknopf, mit dem klein karierten Stoff bezogen
1 Unternähknopf, mit dem hellen, naturfarbenen Stoff bezogen (ersatzweise 2 andere größere Knöpfe verwenden)

So wird es gemacht:

Auf ein Stück Karton einen Kreis mit einem Durchmesser von 36 cm aufzeichnen (dies entspricht ungefähr einer größeren Tortenplatte). Den Kreis ausschneiden und auf die Rückseite des klein karierten Stoffes und des Plüschstoffes übertragen.

Beide Kreise zuzüglich Nahtzugabe aus den Stoffen ausschneiden und rechts auf rechts zusammennähen, dabei ca. 12 cm der Naht geöffnet lassen. Die Nahtzugabe bis an die Naht rundum einschneiden und die Kissenhülle wenden.

Für die Füllung aus dem Volumenvlies mehrere Lagen ausschneiden, dabei die Kreisschablone verwenden. Alle Lagen mit einigen Stichen lose übereinander heften. Anschließend die Füllung durch die Öffnung in der Kissenhülle schieben und die Wendeöffnung, bis auf 2 - 3 cm, schließen.

Die helle Baumwollkordel auf die äußere Kante von Hand aufnähen. Anfang und Ende der Kordel in die verbliebene Öffnung stecken und von Hand festnähen.

Die beiden Unternähknöpfe in der Mitte der Kissenhülle mit reißfestem Garn stramm annähen.

Warm & weich – Schneemänner zum Kuscheln

Rundes Bodenkissen

Schwierigkeitsgrad: ✻✻
Größe: Durchmesser 48 cm, Höhe 9 cm
Vorlagen: Seite 66

Materialbedarf:
0,85 m blau-grün groß karierter Stoff (P9783/00)
0,25 m Plüschstoff (804/025)
1 Reißverschluss (40 cm)

Für die Applikation:
Reste von hellem naturfarbenem, dunkelblauem, klein kariertem und grün-meliertem Stoff
rotes und blaues Stopfgarn
3,20 m 6 mm dicke Baumwollkordel
3,20 m helles, naturfarbenes Schrägband

Hinweis: Der Bezug für dieses Bodenkissen wurde mit einer Nahtzugabe von 1 cm gearbeitet, da für das Einsetzen des Reißverschlusses und der dicken Paspel diese Nahtzugabe besser zu handhaben ist. Bitte auch die allgemeinen Hinweise beachten, die im Kapitel „Großes Kissen mit Flausch" beschrieben sind.
In dem Originalschnitt von 50 cm Durchmesser ist die Nahtzugabe von 1 cm bereits enthalten!

So wird es gemacht:

Aus dem groß karierten Stoff 2 Streifen von 6,5 cm Breite und 48 cm Länge zuschneiden. Zwischen diesen beiden Streifen den Reißverschluss nähen (siehe Lehrgang „Reißverschluss einsetzen").

Ebenfalls aus dem groß karierten Stoff 1 Streifen von 11 cm Breite und 105 cm Länge schneiden. Den Streifen mit Reißverschluss zwischen den beiden kurzen Seiten fassen und so beide Streifen zu einem Ring zusammensetzen.

Entsprechend dem Schnittmuster im Vorlagenteil auf Seite 67 aus dem groß karierten Stoff 2 Kreise mit einem Durchmesser von 50 cm schneiden. Auf einen der beiden Kreise den Plüschstoff und den Schneemann von Hand applizieren (siehe Lehrgang „Applikation von Hand").

Für die schmale Paspel aus der Baumwollkordel und dem Schrägband jeweils 2 Stücke von 1,55 m Länge schneiden. Das Schrägband der Länge nach um die Kordel falten und festreihen. Die so entstandenen Paspelschnüre an die Außenkante der runden Kissenplatte heften. Anfang und Ende der Paspelschnüre übereinander legen und erst dann auf die erforderliche Länge kürzen.

Zwischen die beiden runden Kissenteile den Ring mit dem eingesetzten Reißverschluss heften. Alle Nähte mit dem Reißverschluss-Fuß nähen. Die Nähte versäubern und die Kissenhülle wenden.

Dinkelkissen-Schneemann

Schwierigkeitsgrad: ✻
Größe: 23 x 37 cm
Vorlage: Seite 66

Materialbedarf:
0,30 m Plüschstoff (1804/025)
0,85 m blau-grün klein karierter Stoff (P9298/00)
kleiner Rest von rotem Stoff
blaues Stopfgarn
1 kg Dinkelkörner

Tipp: Dieses Dinkelkissen ist ein wohltuender Wärmespender, besonders in der kalten Jahreszeit. Zum Erwärmen vorsichtshalber den Schal des Schneemannes abnehmen und das Kissen ca. 1 Minute bei 600 Watt in der Mikrowelle oder 15 Minuten bei 150 °C im Backofen erhitzen.

So wird es gemacht:

Das Schnittmuster für den Schneemann auf Seite 66 kopieren. Auf das Vorderteil – gemäß der Vorlage – die Nase aus dem roten Stoff von Hand applizieren (siehe Lehrgang „Applikationen von Hand"). Mit blauem Stopfgarn Mund und Augen aufsticken.

Vorder- und Rückteil rechts auf rechts zusammennähen. Ca. 10 cm der Naht zum Wenden geöffnet lassen. Die Nahtzugabe ringsherum bis an die Naht einschneiden. Den Schneemann wenden, mit dem Dinkel füllen und die Wendeöffnung von Hand schließen.

Für den Schal aus dem klein karierten Stoff einen Streifen von 7,5 x 70 cm zuschneiden. Diesen der Länge nach rechts auf rechts zusammenlegen und füßchenbreit zusammennähen, dabei an einer Längsseite ein Stückchen der Naht zum Wenden geöffnet lassen. Die Nahtzugabe in den Ecken zurückschneiden, den Schal wenden und die Wendeöffnung von Hand schließen. Den Schal um den Hals des Schneemannes binden.

Stimmungsvolles Weihnachtsfest

Tradition in Rot und Grün

Tischdecke

(Siehe Foto auf Seite 50-51)

Schwierigkeitsgrad: ✻
Größe: 140 x 180 cm

Materialbedarf:
1,90 m karierter Stoff (W5207/00)
1,90 m grüner Stoff (W9770/50)
Aus dem restlichen Stoff können noch 4 Servietten gearbeitet werden.

So wird es gemacht:

Aus dem karierten Stoff ein Rechteck von 142 x 182 cm zuschneiden. Aus dem grünen Stoff 4 Streifen von 17 cm Breite über die gesamte Stofflänge von 1,90 m schneiden. Daraus die aufgesetzte Blende arbeiten (siehe Lehrgang „aufgesetzte Blende").

Herzanhänger & Dekostiefel

(Dekostiefel: siehe Stiefelkette auf Seite 54)

Schwierigkeitsgrad: ✻✻
Größe: kleine Herzen: 4,5 x 5,5 cm
große Herzen: 9,5 x 10,5 cm
Vorlagen: Seite 68
Schemazeichnungen: Seite 68

Materialbedarf:
Reste von roten, grünen und klein karierten Stoffen
Rote Baumwollkordel als Aufhänger

So wird es gemacht:

Kleine Herzen: (Zahlen in Klammern gelten für die größeren Herzen)

Aus dem roten und grünen Stoff 2,5 (3,5) cm breite Streifen schneiden und zu folgenden Streifensets zusammennähen (siehe Schemazeichnung 1 auf Seite 68).

Für jedes Herz werden Streifen in einer Breite von 2,5 (3,5) cm benötigt: vom ersten Streifenset 2 Streifen und vom zweiten Streifenset 1 Streifen. Diese 3 Streifen füßchenbreit zusammennähen (siehe Schemazeichnung 2 auf Seite 68).

Aus dem klein karierten Stoff für jedes Herz zwei Rechtecke von 4 x 5 (5 x 8) cm schneiden und an zwei nebeneinander liegende Seiten des Patchwork-Blockes annähen.

Aus dem Vorlagenteil auf Seite 68 den kleinen (größeren) Halbkreis auf Pappe übertragen und ausschneiden. Die Umrisse des Halbkreises auf die Rückseite der angenähten Rechtecke übertragen und mit Nahtzugabe ausschneiden.

Herzen rechts auf rechts mit passendem Rückseitenstoff verstürzen. Gegebenenfalls ein Stück rote Kordel als Aufhänger mitfassen.

Mitteldecke

Schwierigkeitsgrad: ✻✻
Größe: 80 x 80 cm
Vorlagen: Seite 68

Materialbedarf:
0,70 m groß karierter Stoff (W5207/00)
0,15 m klein karierter Stoff (W5408/00)
0,90 m grüner Stoff (W9770/50) (inkl. Rückseitenstoff)
0,90 m dünnes Volumenvlies
Rotes Stickgarn

So wird es gemacht:

Aus dem grünen Stoff zuschneiden:
• 1 Quadrat von 85 x 85 cm (für die Rückseite)
• 4 Streifen von 9,5 x 65,5 cm (für die Ränder)

Aus dem klein karierten Stoff zuschneiden:
• 4 Quadrate von 9,5 x 9,5 cm (für die Ecken)

Aus dem groß karierten Stoff zuschneiden:
• 1 Quadrat von 65,5 x 65,5 cm (für das Mittelteil)

Zunächst an zwei gegenüberliegenden Seiten des Mittelquadrates jeweils einen grünen Streifen annähen.
An beide Enden der anderen beiden grünen Streifen jeweils ein Quadrat aus dem klein karierten Stoff ansetzen. Diesen Streifen an die verbleibenden zwei Seiten des Mittelteils ansetzen, dabei auf die Passgenauigkeit der Ansätze achten (siehe Lehrgang „Patchwork – eingesetzte Ecke").

Die Oberseite der Decke mit Vlies und dem Rückseitenstoff verstürzen. Die Mitte diagonal quilten. Die Herzen im Rand (siehe Vorlage auf Seite 68) mit rotem Stickgarn quilten (siehe Lehrgang „Quilten").

Kleine Geschenke zum Fest

Servietten

Schwierigkeitsgrad: ✻
Größe: 40 x 40 cm

Materialbedarf für 4 Servietten:
0,50 m roter Stoff (W89762/50)
0,90 m grüner Stoff (W9770/50) (oder die Reste von der auf Seite 52 beschriebenen Tischdecke verwenden)
Reste von kariertem Stoff (W5207/00) (für die kleinen Schleifen)
Evtl. Druckknöpfe

So wird es gemacht:

Aus dem grünen Stoff 4 Quadrate von 41,5 x 41,5 cm zuschneiden.

Aus dem roten Stoff 6 Streifen von 7 cm Breite schneiden, diese in 16 Stücke von 45 cm Länge teilen. Daraus die aufgesetzte Blende arbeiten (siehe Lehrgang „Aufgesetzte Blende“).

Für die kleinen Schleifen 8 Quadrate – diagonal zum Fadenlauf – von 8,5 x 8,5 cm schneiden. Für jede Schleife jeweils 2 Quadrate rechts auf rechts verstürzen.
Die Quadrate in der Mitte zusammenraffen und mit einigen Stichen sichern. Wird diese Schleife mit einem Druckknopf auf der Serviette befestigt, lässt sie sich vor dem Waschen einfach entfernen.

Stiefelkette

Schwierigkeitsgrad: ✻✻
Länge: 105 cm
Fertiggröße Stiefel: 16 x 14 cm
Vorlage: Seite 68

Materialbedarf:
0,50 m groß karierter Stoff (W5207/00)
0,50 m groß karierter Stoff mit Apfelmotiven (W5207/100)
0,50 m klein karierter Stoff (W5408/00)

0,50 m roter Stoff (W89762/50)
1,00 m grüner Stoff (W9770/50) (inkl. Stiefelfutter)
0,35 m Volumenvlies
3,60 m grünes Baumwollband, 7 mm breit
2 Gardinenringe

So wird es gemacht:

Für die geflochtenen Kordeln aus dem roten, grünen und dem groß karierten Stoff jeweils 3 Streifen von 10 cm Breite und 1,45 m Länge schneiden und beiseite legen.

Die Vorlage für den Nikolausstiefel von Seite 68 kopieren und auf ein Stück Pappe übertragen. Im Schnittmuster ist die Nahtzugabe bereits enthalten!

Für jeden der 24 Stiefel je einen Streifen von 7 x 32 cm und 13 x 32 cm aus 2 unterschiedlichen Stoffen schneiden. Dabei ergeben im schrägen Fadenlauf zugeschnittene Streifen interessante Variationen. Beide Streifen entlang der Längsseiten zusammennähen.

Die Vorlage für jeden Stiefel 2 x gegengleich auf die Stoffrückseite übertragen. Dabei die Markierung auf der Schablone deckungsgleich auf die Naht zwischen den Streifen legen.

Für das Stiefelfutter aus dem grünen Stoff 48 Stiefelteile in gegengleichen Paaren ausschneiden.

Jeweils 1 Außenteil des Stiefels mit einem Futterteil an der oberen Kante rechts auf rechts füßchenbreit zusammennähen.

Für jeden Stiefel jeweils 2 gegengleich gearbeitete Teile rechts auf rechts zusammenstecken. Für den Aufhänger 15 cm Baumwollband zur Hälfte doppelt legen und an

der oberen Kante hinten mit in die Naht stecken. Die Stiefel füßchenbreit zusammennähen. Dabei im hinteren Teil des Futters ein Stück der Naht zum Wenden geöffnet lassen. Die Nahtzugaben in den Rundungen bis zur Naht einschneiden. Stiefel wenden und die Wendeöffnung von Hand schließen.

Für den geflochtenen Zopf die zuvor geschnittenen Streifen aus dem groß karierten, roten und grünen Stoff auf ebenso groß geschnittene Stücke aus Volumenvlies fest stecken. Die Streifen an der Längskante rechts auf rechts aufeinander stecken und füßchenbreit zusammen nähen; dabei an einer Längsseite ein Stück Naht zum Wenden geöffnet lassen. In den Ecken die Nahtzugabe etwas zurückschneiden. Die Streifen wenden und die restliche Naht von Hand schließen. Die drei Streifen zu einem Zopf flechten, dabei die Stiefelaufhänger mit einflechten. Aus dem roten Stoff 2 Streifen von 6,5 x 15 cm schneiden und rechts auf rechts verstürzen. Die Streifen als kleine Stoff-Schlaufen über beide Enden der Stiefelkette legen und von Hand annähen. Daran 2 Gardinenringe als Aufhänger annähen.

Lehrgang Nähen

1. Stoffe

Die in diesem Buch verwendeten Stoffe stammen, mit Ausnahme der Stoffe des Themas „Eine Einladung zum Fest der Rose“, von der Firma Westfalenstoffe AG in Münster.
Diese Stoffe haben im Allgemeinen eine Breite von 1,50 m. Sollten Stoffe anderer Hersteller verwendet werden, bitte den Stoffverbrauch entsprechend berechnen.

Sämtliche Stoffe aus Naturmaterialien wie Baumwolle, Leinen oder Seide laufen bei der ersten Wäsche ein. Diese Eigenschaft sollte bei der Verarbeitung berücksichtigt werden. Es empfiehlt sich daher, die Stoffe möglichst vorzuwaschen und zu bügeln.
Vor allem bei dunkleren Stoffen wird mit dem Vorwaschen auch ein mögliches späteres Ausbluten der Farben verhindert.
Bei helleren Farben reicht es häufig, die Stoffe sehr heiß mit Dampf zu bügeln, um den Schrumpfungsprozess vorwegzunehmen.

Seide ist prinzipiell auch waschbar, jedoch sollte im Fall der Organza-Decke eine chemische Reinigung vorgezogen werden.

Vor der Verarbeitung bei den Stoffen, gleich welcher Art, die Webkante entfernen.

2. Stoffzuschnitt und Arbeitsmaterialien

Die idealen Werkzeuge zum Zuschnitt von Stoffen sind Schneidematte, Schneidelineal und Rollschneider. Sie wurden ursprünglich für das Patchwork entwickelt, leisten aber auch hervorragende Dienste beim Zuschneiden z.B. von Bettwäsche, Vorhängen und Tischdecken.
Mit dem Rollschneider lassen sich problemlos auch mehrere Lagen Stoff gleichzeitig durchschneiden. Um dem Musterverlauf exakt folgen zu können, ist es bei der Verarbeitung von Streifen- oder Karostoffen vorteilhafter, jeweils nur eine Lage zu schneiden.

Wenn keine Angabe zur Nahtzugabe gemacht wurde, beträgt diese 0,75 cm an jeder Seite, für das Zuschnittmaß also insgesamt 1,5 cm.
Die meisten Nähmaschinen besitzen einen Standard-Nähfuß, bei dem der Abstand zwischen der mittleren Nadelposition und dem äußeren rechten Rand des Fußes genau 0,75 cm beträgt.
Sollte Ihre Maschine eine andere Füßchenbreite aufweisen, entweder die Nadelposition verändern oder die Nahtzugabe von 0,75 cm mit einem Klebestreifen auf der Nähplatte markieren.
Weiter notwendig ist eine gute Stoffschere; sie erleichtert den genauen Zuschnitt von Rundungen und Applikationen.

3. Blendenvariationen

Aufgesetzte Blende

Diese Art der Blenden wird häufig bei Tischdecken oder Servietten verwendet. Dazu wird die Blende als separater „Stoffrahmen“ genäht und anschließend aufgesetzt.
Die erforderliche Länge des Blendenstreifens errechnet sich aus der Länge der Kanten, auf der die Blende aufgesetzt werden soll:

Kantenlänge
+ 2 cm Nahtzugabe

Die Breite der Blende wird auf folgende Weise berechnet:
gewünschte Breite der fertigen Blende
+ 0,75 cm Nahtzugabe am äußeren Rand
+ 1,00 cm Nahtzugabe am inneren Rand

So wird es gemacht:
1. 4 Streifen in der erforderlichen Breite zuschneiden.
2. Zur berechneten Länge der Streifen 3-5 cm Sicherheitszuschlag hinzufügen und zuschneiden. (Dieser Sicherheitszuschlag ist notwendig, da sich durch das Bügeln die Stoffmaße geringfügig verändern können.)
3. Die Nahtzugabe von 1 cm für den inneren Rand markieren.
4. Nahtzugabe zur linken Stoffseite bügeln.
5. Die so vorbereiteten Streifen auf die exakt benötigte Länge (Kantenlänge + 2 cm) kürzen.
6. Von der Stoffkante aus die Ecken mit Hilfe des Schneidelineals im 45° Winkel abschrägen (siehe Schemazeichnung).

Schemazeichnung: Aufgesetzte Blende

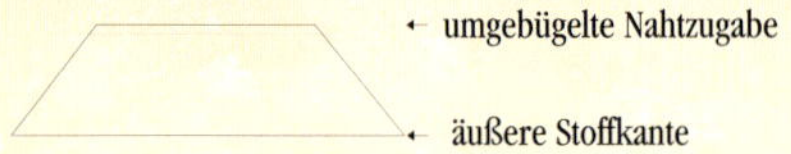

7. Die 4 Blendenstreifen rechts auf rechts füßchenbreit zu einem Rahmen zusammennähen.
8. Die Nahtzugabe auseinanderfalten und mit dem Fingernagel glatt streichen. Gebügelt werden sollte möglichst erst nach Fertigstellung des Teils, da sonst die Gefahr besteht, dass sich die Naht im schrägen Fadenlauf verzieht.
9. Die Blende aus den 4 zusammengesetzten Streifen auf die linke Seite der Decke bzw. Serviette stecken; dabei zeigt die linke Seite der Blende nach oben.
10. Rundum füßchenbreit annähen.
11. Die Nahtzugabe in den Ecken etwas zurückschneiden.
12. Die angenähte Blende auf die rechte Seite der Serviette oder Decke wenden und so bügeln, dass die Außenkanten der Blende etwas über die Nähte überstehen.
13. Innere Blendenkante feststecken und knappkantig annähen.

Aufgesetzte Blende mit Biese

Diese Variante der Blenden wird nach dem gleichen Prinzip genäht, wie die aufgesetzte Blende. Entlang des inneren Blendenrandes wird jedoch die Nahtzugabe nicht nach innen umgebügelt, sondern eine schmale Biese angenäht.

So wird es gemacht:
1. Für die Biese einen Streifen andersfarbigen Stoffes in der Breite von 3,5 cm zuschneiden. Die Länge entspricht der Zuschnittlänge des Blendenstreifens.
2. Die Streifen für die Biese der Länge nach links auf links zur Hälfte legen.
3. Rechts auf rechts entlang der inneren Blendenkante füßchenbreit annähen.
4. Nahtzugabe zur Blende hin bügeln.
5. Streifenset auf die exakt benötigte Länge des Blendenstreifens kürzen.
6. weiter geht es ab Punkt 7 in der Beschreibung zur aufgesetzten Blende auf dieser Seite.

4. Briefecke

Schöne Briefecken verleihen jedem selbst genähten Teil das „gewisse Etwas“. Mit der richtigen Technik sind Briefecken gar nicht schwerzu nähen.

Die erforderliche Länge der Randstreifen wird wie folgt berechnet:
Kantenlänge, an den die Randstreifen angenäht werden sollen
+ 2 x die gewünschte Breite des Randes
+ 5 cm Sicherheitszuschlag (mindestens)

Diese Formel findet auch bei Streifensets, die aus unterschiedlichen Streifen zusammengesetzt worden sind, Anwendung. Dabei wird das Streifenset komplett zur Briefecke verarbeitet.

So wird es gemacht:
1. Die zugeschnittenen Streifen füßchenbreit an die Außenkante des Stoffes annähen. Dabei darauf

achten, dass der Streifen an beiden Seiten gleich lang übersteht.
2. Ggf. den Nahtpunkt in der Ecke mit Hilfe eines Lineals markieren.
3. Nur bis zu diesem Nahtpunkt nähen und die Naht mit einigen Rückstichen sichern.
4. Auf diese Weise alle 4 Außenstreifen annähen.
5. Das so vorbereitete Teil mit der rechten Seite nach oben auf einen großen Tisch legen. Eine Decke als Bügelunterlage verwenden.
6. Mit Hilfe eines Lineals die Randstreifen in einen 45° Winkel legen, indem der überstehende Stoff nach unten eingeschlagen wird.
7. Briefecke in Form bügeln. Überstehenden Stoff bis auf eine Nahtzugabe von 1 cm zurückschneiden.
8. Die Stoßkanten mit Stecknadeln feststecken und den Sitz überprüfen.
9. Die Naht mit großen Stichen (Stichlänge 4) nähen, dabei die Nahtzugaben in den Ecken nicht mitfassen.
10. Erst, wenn alle 4 Briefecken richtig sitzen und der Rand nicht wellt, die Nähte der Briefecke mit kleinen Stichen nachnähen.

5. Kissenverschlüsse

Reißverschluss

Reißverschlüsse können z.B. auf die Rückseite oder in die Naht zwischen Vorder- und Rückseite einer Kissenhülle eingearbeitet werden. Die Nahtzugabe für einen Reißverschluss-Einsatz beträgt 1 cm zu jeder Seite. Also müssen zur erforderlichen Zuschnitthöhe 2 cm addiert werden, wenn der Reißverschluss auf die Kissenrückseite gearbeitet wird. Die Rückseite auf ungefähr 1/3 der Höhe quer durchteilen und zwischen den beiden Teilen den Reißverschluss einarbeiten. Unabhängig davon, wo der Reißverschluss platziert werden soll, ist die Art der Verarbeitung die gleiche.

So wird es gemacht:

1. Beide Stoffkanten, die längsseits des Reißverschlusses verlaufen, mit einem Zick-Zack-Stich versäubern.
2. Beide Teile rechts auf rechts legen.
3. Mit Stecknadeln markieren, wie weit der Reißverschluss auf der Oberseite des fertigen Kissens zu sehen sein soll (siehe Schemazeichnung).

Schemazeichnung: Reißverschluss

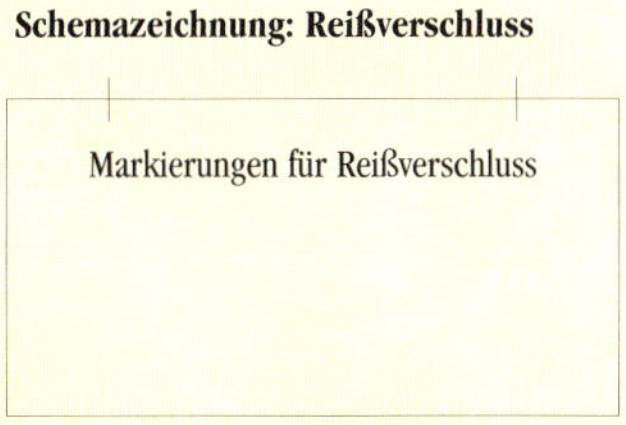

4. Von der Außenkante bis zur ersten Markierung mit kleinen Stichen nähen, an der Markierung die Naht verriegeln.
5. Zwischen den Markierungen die Naht mit großen Stichen (Stichlänge 5) fortsetzen.
6. An der 2. Markierung ebenfalls verriegeln und bis zur Außenkante mit kleinen Stichen weiter nähen.
7. Stoffteile auseinander klappen und die Nahtzugaben auseinander bügeln.
8. Die großen Nähstiche zwischen den Markierungen auftrennen.
9. Den Reißverschluss unter die entstandene Öffnung platzieren und mit Stecknadeln fixieren.
10. Bei weicheren Materialien wie z.B. Waffelpikee oder Seide den Reißverschluss heften.
11. Zum Einnähen den Reißverschluss-Fuß in die Nähmaschine einsetzen.
12. Beim Zusammennähen von Vorder- und Rückenteil der Kissenhülle muss der Reißverschluss geöffnet sein.

Knopfleiste

Die Knopfleisten werden auf der Rückseite einer Kissenhülle auf ca. 1/3 der Höhe gearbeitet.

So wird es gemacht:

1. Zur erforderlichen Zuschnitthöhe der Kissenrückseite 15 cm hinzu addieren und zuschneiden.
2. Das Stoffstück auf ca. 1/3 der Höhe quer durchteilen.
3. Die beiden so entstandenen Kanten 2 x jeweils 3 cm nach innen umklappen, bügeln, feststeppen.
4. In die so vorbereitete Kante des größeren Teils die Knopflöcher einarbeiten. Bei einer Kissenbreite von 40 cm reichen 3 Knopflöcher, bei größeren Teilen benötigt man entsprechend mehr.
5. Ober- und Unterteil der Kissenrückseite so übereinander stecken, dass die Knopfloch-Leiste des Oberteils über der Knopfleiste des Unterteils liegt.
6. Bei größeren Kissen oder bei Bettwäsche die so aufeinander gesteckten Leisten an den Enden ca. 5 bis 10 cm lang zusammen steppen.
7. Kissenvorder- und -rückseite rechts auf rechts stecken und zusammennähen.
8. Die Kissenhülle wenden.
9. Knöpfe entsprechend den Knopflöchern annähen.

6. Applikationen

Applikationen von Hand

Abhängig von der Größe der zu applizierenden Teile eignen sich zwei verschiedene Methoden für Handapplikationen:

Methode für kleinere Motive:

1. Von der Originalgröße des zu applizierenden Motivs eine Schablone aus dünner Pappe oder Fotokarton anfertigen.
2. Diese Schablone umgedreht auf die Rückseite eines großzügig zugeschnittenen Stoffteils legen.
3. Stoff und Schablone mit der Nähmaschine mit großen Stichen (Stichlänge 5-6) zusammennähen. Dadurch kann die Schablone nicht mehr verrutschen.
4. Dann den Stoff um die Schablone herum mit einer Nahtzugabe von ca. 0,75 cm ausschneiden.
5. Die überstehende Nahtzugabe einreihen und den Faden so anziehen, dass sich der Stoff um die Schablone legt.
6. Von der Rückseite mit Sprühstärke einsprühen und bügeln.
7. Die Heftfäden entfernen und die Pappe entnehmen.
8. Das Motiv mit kleinen Stichen auf dem Untergrundstoff applizieren.

Methode für größere Motive:

Diese etwas schnellere Methode eignet sich für größere Motive, die aus einem Stück gearbeitet sind. Bei den Modellen dieses Buches fand sie Verwendung z.B. in den Ecken der Schneelandschaft, bei den Körpern der Schneemänner und bei den Tannenbäumen. Diese Motive werden mit einem Rückseitenstoff verstürzt. Beim Verstürzen werden 2 Stofflagen rechts auf rechts zusammen gesteckt. Diese beiden Stofflagen entlang der äußeren Kanten füßchenbreit zusammennähen. Dabei – abhängig von der Größe des Teils – ein Stück der Naht zum Wenden geöffnet lassen.

So wird es gemacht:

1. Die umgedrehte Schablone des zu applizierenden Motivs auf die Rückseite des Stoffes übertragen und großzügig ausschneiden.
2. Dieses Motiv mit einem entsprechend großen Stück Stoff rechts auf rechts entlang der eingezeichneten Linie verstürzen; dabei ein Stück der Naht zum Wenden geöffnet lassen. Als Rückseitenstoff eignet sich dünnerer, farblich passender Baumwollstoff. Es kann aber auch der Stoff der Vorderseite verwendet werden. Besonders bei helleren Stoffen wird durch diese Methode verhindert, dass ein eventuell dunklerer Untergrundstoff durchschimmert.
3. Ringsherum die Nahtzugabe bis an die Naht einschneiden – dies ist besonders im Bereich der Rundungen wichtig.
4. Das Teil wenden und die Wendeöffnung von Hand schließen.
5. Die Applikation mit kleinen Stichen auf dem Untergrundstoff festnähen.

Maschinenapplikation

Im Vergleich zu Applikationen von Hand sind Maschinenapplikationen schneller fertig gestellt. Durch die maschinelle Art der Fertigung besitzen sie einen fühlbar festeren Charakter. Besonders bietet sich diese Art der Applikation bei Kissen, Servietten und Tischdecken an. Für kuschelige Decken sollte die Handapplikation bevorzugt werden.

So wird es gemacht:
1. Die Konturen des Motivs seitenverkehrt auf Vliesofix (= beidseitig klebende Bügelhilfe) übertragen.
2. Das Motiv großzügig ausschneiden.
3. Vliesofix auf die Rückseite des Stoffes, aus dem die Applikation hergestellt werden soll, aufbügeln.
4. Das Motiv, entlang der aufgezeichneten Konturen, exakt ausschneiden.
5. Das Trägerpapier abziehen.
6. Das Motiv an der gewünschten Stelle auf den Trägerstoff aufbügeln.
7. Einen Applikationsfuß in die Nähmaschine einsetzen und die Oberfadenspannung etwas lösen.
8. Unter den Trägerstoff Stickvlies legen, damit ein besserer Stofftransport gewährleistet wird.
9. Die offenen Stoffkanten mit einem dichten Zick-Zack-Stich bedecken.
10. Das Stickvlies entfernen.

Maschinenapplikation mit Plüschstoff

Eine Besonderheit ergibt sich, wenn Plüschstoff für die Applikation verwendet wird (z.B. die Katzenapplikation auf der Bettwäsche oder dem Wandbehang des Kinderzimmers). Einerseits ist es schwierig, den Plüschstoff mit Hilfe von Vliesofix auf den Trägerstoff zu bügeln, andererseits besteht die Schwierigkeit, feine Linien (wie z.B. Augen und Nase der Katze) auf die unregelmäßige Oberfläche des Plüschstoffes zu übertragen. Für die Verarbeitung wurde deshalb ein Verfahren gewählt, welches exaktes Arbeiten ermöglicht.

So wird es gemacht:
1. Die Konturen des Motivs seitenrichtig auf Stickvlies übertragen.
2. Das Motiv großzügig ausschneiden.
3. In der gleichen Größe den Plüschstoff zuschneiden.
4. Das vorgezeichnete Stickvlies auf die rechte Seite des Plüschstoff-Zuschnitts stecken.
5. Die Umrisse des Motivs und die der inneren Linien mit kleinen Stichen aus dunklem Garn markieren.
6. Das Stickvlies entfernen; auf dem Plüsch bleiben die Markierungen erhalten.
7. Das Motiv, entlang der genähten äußeren Kontur, exakt ausschneiden.
8. Das Motiv auf dem Trägerstoff an der gewünschten Stelle mit Stecknadeln fixieren.
9. Einen Applikationsfuß in die Nähmaschine einsetzen und die Oberfadenspannung etwas lösen.
10. Unter den Trägerstoff Stickvlies legen, damit ein besserer Stofftransport gewährleistet wird.
11. Die offenen äußeren Stoffkanten mit einem dichten Zick-Zack-Stich bedecken.
12. Abschließend innere Konturen anhand der Markierungen (z.B. Gesicht) anbringen.
13. Das Stickvlies entfernen.

Maschinenapplikation mit Organza

Seidenorganza ist ein hauchzartes, chiffonartiges Gewebe, das zurzeit im Bereich der Tischdekorationen stark im Trend liegt. Diese etwas steifere Seidenart lässt sich relativ gut verarbeiten, erfordert jedoch, aufgrund der transparenten Machart, eine besondere Behandlung. Dies gilt insbesondere auch bei Maschinenapplikationen mit Organza.
Vliesofix ist als Hilfsmittel zur Positionierung ungeeignet, da der darauf haftende Kleber nach außen dringt und die Oberfläche der Applikation verklebt.

Eine Alternative bietet hier ein textiler Sprühkleber, der in gut sortierten Patchworkgeschäften erhältlich ist (z.B. „505 Positionierungsspray" von Odif). Der Kleber hält die Stofflagen temporär zusammen und verhindert so, dass diese beim Zusammennähen verrutschen.
Bei der Anwendung ist darauf zu achten, dass der Sprühabstand 30 cm nicht unterschreiten sollte und nur ein sehr dünner Film aufgesprüht wird. Bei diesem Vorgehen „trocknet" der Sprühnebel, legt sich damit nur auf die Faser, statt sie zu durchdringen.
Das Spray lässt sich in der chemischen Reinigung rückstandsfrei entfernen. In diesem Zusammenhang sei darauf hingewiesen, dass auch der Hersteller für Seidenorganza die chemische Reinigung empfiehlt.

So wird es gemacht:
1. Die Konturen der Applikation, inklusive der inneren Linien, seitenrichtig auf die Vorderseite des Organzas übertragen. Dazu eignet sich besonders ein selbstlöschender oder wasserlöslicher Markierungsstift.
2. Das Motiv entlang der äußeren Konturen ausschneiden.
3. Die Rückseite der Applikation, wie beschrieben, mit „505 Positionierungsspray" besprühen.
4. Die Applikation an gewünschter Stelle positionieren.
5. Einen Applikationsfuß in die Nähmaschine einsetzen und die Oberflächenspannung etwas lösen.
6. Das Stickvlies unter den Trägerstoff legen, damit wird ein besserer Stofftransport ermöglicht.
7. Die inneren Linien und die äußeren Stoffkanten mit einem dichten Zick-Zack-Stich bedecken.

Applikation zum Aufnähen

Bei dieser Methode wird zunächst die Applikation als separates Teil fertig gestellt und danach auf den Trägerstoff aufgenäht. Die beigefarbenen Embleme im Kapitel „Wohnen mit den Farben der Natur" sind auf diese Weise gefertigt. Zur Verdeutlichung wurde in unten stehender Anleitung darauf Bezug genommen.

So wird es gemacht:
1. 2 Stücke beigefarbenen Stoff mit Hilfe von Vliesofix aufeinander bügeln damit die Applikation etwas stabiler wird.
2. Die gewünschte Motivgröße aus dem Vorlagenteil auswählen und auf festen Karton übertragen.
3. Die Konturen ausschneiden und auf den beigefarbenen Stoff übertragen.
4. Entlang der aufgezeichneten Konturlinie ausschneiden.
5. Das ausgeschnittene Motiv auf ein größeres Stück Stickvlies legen und die äußeren Kanten mit einem dichten Zick-Zack-Stich versäubern. (Für die Einstellung der Nähmaschine siehe „Maschinenapplikation".)
6. Das Stickvlies entfernen.
7. Bei jedem Motiv 2 Metall-Ösen anbringen.
8. Durch die Ösen ein ca. 15 cm langes Stück Kordel fädeln. (Sollte keine passende Kordel erhältlich sein, lässt sich diese leicht mit Stickgarn selbst drehen.)
9. Das fertige Motiv an der gewünschten Stelle von Hand aufnähen.

7. Patchwork

Patchwork ist eine textile Technik mit langer Tradition, die auch hierzulande immer mehr Einzug in den Bereich der Textilgestaltung findet. Dabei werden mehr oder minder klein geschnittene Stoffstücke zu neuen, größeren Teilen zusammengesetzt.
Beliebte und einfach zu handhabende Grundformen sind Quadrate, Rechtecke und verschiedene Dreiecke. Durch die Wahl der Stoffmuster und -farben, sowie durch die Kombination der unterschiedlichen Formen entstehen immer wieder neue, reizvolle Varianten.

Zum Thema Patchwork gibt es in Deutschland mittlerweile eine große Auswahl an guter Fachliteratur, auf die an dieser Stelle verwiesen wird. Um die Modelle nachzuarbeiten, die in diesem Buch mit Patchwork gearbeitet sind, sollten nachfolgend beschriebene Hinweise zu zwei Mustern beachtet werden:

Eingesetzte Ecken

Schemazeichnung 1:

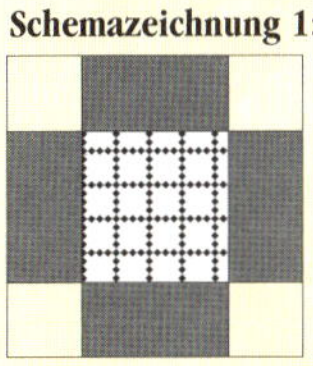

Diese Ecklösung eignet sich hervorragend für die Verarbeitung von Karo- und Streifenstoffen, wenn nicht unbedingt eine Briefecke gearbeitet werden soll. Die eingesetzten Ecken sind z.B. bei der weihnachtlichen Mitteldecke von Seite 52 oder bei dem winterlichen Quilt von Seite 44 verwendet worden.

So wird es gemacht:

1. An ein größeres Mittelteil wird, an zwei gegenüberliegenden (Längs-) Seiten, je ein Streifen bündig angenäht.
2. Nun werden die Streifen für die anderen beiden Seiten gefertigt. Dazu
   a) den exakten Abstand zwischen den bereits angenähten Streifen ermitteln.
   b) zu diesem Maß 1,5 cm Nahtzugabe addieren und die neuen Längsstreifen zuschneiden.
   c) an die Enden je ein Eckquadrat füßchenbreit (0,75cm Nahtzugabe) annähen. Die Größe der Quadrate ist identisch mit der Breite der Streifen.
3. Den so zusammengesetzten Streifen an das Mittelteil annähen, dabei auf die Passgenauigkeit an den Nahtpunkten achten (siehe Schemazeichnung 2).

Schemazeichnung 2:

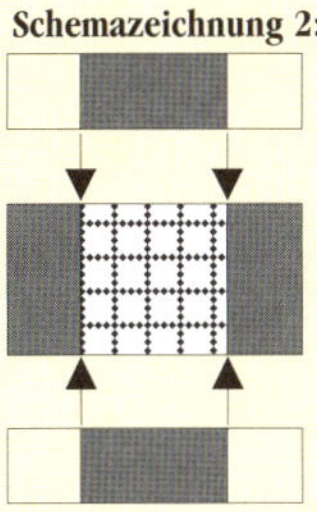

Quadrat im Quadrat

Schemazeichnung 1:

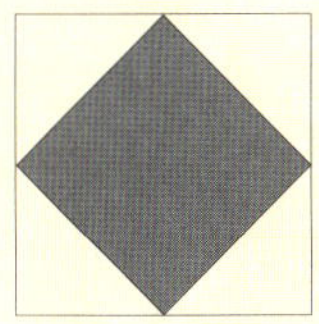

Dieses einfache, aber optisch wirkungsvolle Muster findet sich in diesem Buch z.B. im Kapitel „Gartenfrühstück" auf Seite 9.

Bei dieser Methode werden an die Seiten eines auf die Spitze gestellten Quadrates, 4 Dreiecke angenäht. Diese entstehen durch das diagonale Halbieren von 2 Quadraten.
Die Zuschnittmaße der Dreiecke sind etwas großzügig bemessen, um auch Patchwork-Anfängern gerecht zu werden.

So wird es gemacht:

1. Das Mittelquadrat zuschneiden.
2. 2 Quadrate zuschneiden, diese dann diagonal halbieren.
3. Die so entstandenen 4 Dreiecke mit den langen Seiten an das Mittelquadrat nähen.
4. Die angenähten Dreiecke nach außen bügeln.
5. Die Außenkanten begradigen; dabei muss von den 4 Spitzen des Mittelquadrates aus gerechnet, eine Nahtzugabe von 0,75 cm stehen bleiben (siehe Schemazeichnung 2).

Schemazeichnung 2:

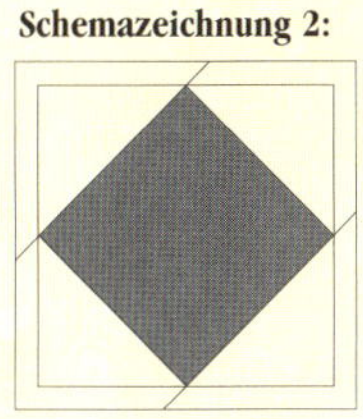

8. Quilten

Das Wort „Quilten" ist ein Ausdruck des englischen Sprachgebrauchs und bedeutet steppen. Ein „Quilt" bezeichnete ursprünglich eine gesteppte Decke. Heute wird der Ausdruck „Quilt" nicht nur für Gebrauchsdecken verwendet, sondern auch für textile Kunst, die als Wandobjekte Verwendung findet.

Charakteristisch für einen Quilt sind die 3 Lagen, aus denen er zusammengesetzt ist:
1. die oberste Lage (auch Top oder Schauseite genannt)
2. eine Zwischenlage aus Volumenvlies
3. die Rückseite

Durch die Zwischenlage aus Volumenvlies werden die Steppnähte plastischer. Bei Tischdecken oder anderen Teilen, die häufiger gewaschen und ggf. gemangelt werden, kann auf das Vlies verzichtet werden.

Das Quilten selbst kann mit der Hand oder mit der Nähmaschine erfolgen. Handgequiltete Linien haben einen weicheren Charakter, während maschinengequiltete Linien fester bzw. steifer wirken.

Maschinenquilten eignet sich besonders für grafische Muster und reine Gebrauchsgegenstände. Hierbei werden die 3 Lagen (Top – Vlies – Rückseite) mit Sicherheitsnadeln zusammengesteckt, während es sich beim Handquilten empfiehlt, die Lagen mit größeren Heftstichen zu fixieren, bevor gequiltet wird.

Vor allem beim Quilten mit der Nähmaschine wird häufig „im Schatten der Naht" gequiltet. Dabei verläuft die Quiltlinie direkt an der Naht entlang, und zwar gegenüber der Seite, zu der die Nahtzugabe gebügelt worden ist.

9. Breite Endeinfassung

Diese Art der Endeinfassung bietet eine interessante Variante zu den schmalen Einfassungen, die üblicherweise bei Quilts verwendet werden. Dazu wird die Einfassung separat genäht und später, wie ein Rahmen, über Vorder- und Rückseite des Quilts geschoben und angenäht.

Die erforderliche Länge der Einfass-Streifen errechnet sich aus der Kantenlänge, auf der die Einfassung aufgesetzt werden soll:
Kantenlänge
+ 2,5 cm

Die Zuschnittbreite der Streifen errechnet sich wie folgt:
sichtbare Breite der Einfassung x 2
+ 2 cm Nahtzugabe

Die sichtbare Breite der Einfassung wird deshalb mit 2 multipliziert, da die Einfassung auf Vorder- und Rückseite gleich breit wird.

So wird es gemacht:

1. 4 Streifen in der erforderlichen Breite zuschneiden.
2. Die Streifen auf die Zuschnittlänge plus 3 bis 5 cm Sicherheitszuschlag kürzen.

Lehrgang Nähen

3. Die Nahtzugabe an beiden Längsseiten jeweils 1 cm nach innen bügeln. Dazu gibt es zwei Methoden:

a) Die Nahtzugabe von 1 cm markieren und entlang dieser Markierung den Stoff nach innen, also zur Rückseite hin bügeln. Anschließend den Streifen der Länge nach links auf links zur Hälfte bügeln.

b) Schneller geht es, den Streifen rechts auf rechts der Länge nach zur Hälfte zu legen. Entlang dieser Kante den Streifen mit sehr großen Stichen (Stichlänge 5-6) zusammennähen. Durch Veränderung der Nadelposition nach links erreicht man bei den meisten Maschinen einen Abstand von 1 cm zwischen Nähfußkante und Nadel. Den Stoffstreifen wenden und bügeln. Die Hilfsnaht wieder auftrennen.

4. Die so vorbereiteten, doppelt liegenden Stoffstreifen, auf die exakt benötigte Länge (= Kantenlänge +2,5 cm) schneiden.

5. Mit Hilfe des Schneidelineals – an den gefalteten Außenkanten beginnend – im 45° Winkel abschrägen (siehe Schemazeichnung).

Schemazeichnung: Breite Endeinfassung

6. Die 4 Streifen auseinander klappen und füßchenbreit an den 4 Ecken zusammennähen.

7. In den Spitzen die Nahtzugabe bis kurz vor die Naht zurückschneiden.

8. Entlang der Nähte im schrägen Fadenlauf die Nahtzugaben auseinander legen und mit dem Fingernagel glatt streichen.

9. Die zusammengenähte Einfassung als Rahmen aufstecken. Dabei darauf achten, dass die obere und untere Seite exakt übereinander liegen. (Nur so wird Gewähr leistet, dass beim Zusammennähen auch die Rückseite mitgefasst wird.)

10. Mit einem Abstand von 3-4 mm zur Kante die Einfassung absteppen.

10. Aufhängung

Für textile Wandbehänge (in diesem Buch z.B. für Küche oder Kinderzimmer auf den Seiten 22 und 16) eignet sich als Aufhängemöglichkeit ein „Tunnel“ auf der Rückseite. Durch diesen Tunnel wird später eine Holzleiste oder Metallschiene geschoben, an der der Quilt aufgehängt werden kann.

Bei größeren Objekten empfiehlt es sich, auch an der Unterkante einen Tunnel anzubringen. Die Schiene, die darin eingeschoben wird, lässt den Quilt glatter hängen.

So wird es gemacht:

1. Einen Stoffstreifen von 10 bis 12 cm Breite zuschneiden. Dabei entspricht die Länge des Streifens der Breite des Wandbehangs.
Bei größeren Wandbehängen den Stoffstreifen noch breiter zuschneiden, damit entsprechend breitere Stangen eingeschoben werden können. Für besonders breite oder schwere Behänge empfiehlt es sich, mehrere Tunnel nebeneinander anzuordnen, um in den Lücken dazwischen zusätzliche Aufhängemöglichkeiten zu schaffen.

2. Ringsherum alle 4 Kanten jeweils 2 x 1 cm nach innen einschlagen und festnähen.

3. Den Tunnel auf der Rückseite des Wandbehanges, etwas unterhalb der oberen Kante, feststecken.

4. An beiden langen Seiten von Hand annähen.

11. Freies Maschinensticken

Das freie Maschinensticken ermöglicht das Gestalten von Flächen durch die Variation von Sticheinstellungen, unterschiedlichen Nähfüßchen und verschiedenen Garnen. Eine Auswahl von unterschiedlichsten Kombinationen findet sich im Kapitel „Wohnbereich in Naturtönen“, dort bei den drei Wandbildern auf der Seite 36.

Folgende Möglichkeiten seien hier exemplarisch genannt:

Geradstich

Der Geradstich wird mit normaler Maschineneinstellung genäht. Variationen ergeben sich durch den Einsatz verschiedener Garne. Bei Verwendung von Metallgarnen sollte eine spezielle Metallic-Nadel verwendet werden.

Stretchstich

Bei vielen Nähmaschinen besteht die Möglichkeit, einen Stretchstich einzustellen. Durch das automatische Vor- und Zurücknähen des Stretchstiches erscheint die Naht dichter. Mit verschiedenen Garnen kann man auch hier interessante Effekte erzielen.

Geradstich mit Stickgarn

Dazu vorab Handstickgarn auf die Unterfadenspule wickeln. Bei dieser Technik wird der Stoff von links benäht, d.h. Rückseite nach oben! Die Oberfadenspannung etwas lösen und die Unterfadenspannung so weit verändern, bis das Handstickgarn problemlos durch die Spulenkapsel gleitet. Vorher empfiehlt es sich, die Originaleinstellung mit Hilfe eines Permanentmarkers auf der Spulenkapsel zu markieren. Das erleichtert die erneute Einstellung der Normalspannung.

Zwillingsnadel

Durch den Einsatz der Zwillingsnadel entstehen zwei parallel verlaufende Nähte. Dazu die normale Maschineneinstellung verwenden und ggf. die Unterfadenspannung etwas lösen.

Zwillingsnadel mit Kordel

Dabei lässt man unter dem Stoff, zwischen den parallel verlaufenden Nähten, eine Kordel mitlaufen - die Naht wird erhaben und plastisch. Maschineneinstellung wie bei der Zwillingsnadel beschrieben.

Schmaler Satinstich

Dieser Stich wird mit einem schmalen Zick-Zack-Stich und einer sehr kurzen Stichlänge erzielt. Dazu einen Applikationsfuß einsetzen und die Oberfadenspannung lösen. Um ein Zusammenziehen des Stoffes zu verhindern, unter den Stoff ein Stück Stickvlies legen. Dieses lässt sich später problemlos entfernen, da es durch die Naht perforiert worden ist.

Breiter Satinstich

Dazu wird die Maschine wie bei der schmalen Variante eingestellt, jedoch mit einer breiteren Einstellung des Zick-Zack-Stiches.

Fransenfuß

Der relativ unbekannte Fransenfuß (auch Heftstichfuß genannt) besitzt in der Mitte einen Steg. Dadurch lassen sich schlingenförmige Nähte herstellen. Durch Nähen mit einem dichten Zick-Zack-Stich mittlerer Breite, entstehen Schlingen, die einen plastischen Effekt geben.
Zum Arbeiten mit dem Fransenfuß die Oberfadenspannung lösen, mittlere Zick-Zack-Breite einstellen und die Stichlänge relativ dicht wählen (abhängig von der Dicke des verwendeten Garnes).

Es wird ohne rückseitiges Stickvlies gearbeitet, da beim Herausziehen des Vlieses die Schlingen auf die Rückseite gezogen werden würden.

Kordel aufnähen

Schnelle und einfache Effekte können durch das Aufnähen von dünnen Kordeln mit einem Zick-Zack-Stich erzielt werden. Kordeln lassen sich auch leicht aus verschiedenen Garnen selbst herstellen. Variationen entstehen durch

Freies Maschinensticken: Interessante Effekte erzielt man mit den verschiedenen Stichvariationen für die drei Wandbilder von Seite 36. Die einzelnen Stiche werden hier von links nach rechts vorgestellt und unten im Text erklärt: Geradstich, Stretchstich, Geradstich mit Stickgarn, Zwillingsnadel, Zwillingsnadel mit Kordel, Schmaler Satinstich, Breiter Satinstich, Fransenfuß, Kordel aufnähen, Freies Maschinenquilten, Freier Zick-Zack-Stich.

unterschiedliche Farben, Materialien oder Stärken. Auch Handstickgarne, fertig gekaufte Kordeln oder diverse Wollarten bringen interessante Effekte. Bei normaler Maschineneinstellung die Breite des Zick-Zack-Stiches auf die Dicke der Kordel abstimmen.

Freies Maschinenquilten
Bei dieser Technik wird der Transporteur der Nähmaschine versenkt, ein Geradstich eingestellt und der Stoff nur mit den Händen geführt. Diese Art des Nähens ermöglicht freie, fließende Linien und Kurven. Es erfordert jedoch auch einige Übung. Bei dünneren Materialien empfiehlt es sich, den Stoff in einen Maschinenstickrahmen zu spannen.
Bei der Nähmaschine wird die Oberfadenspannung gelöst, der Transporteur versenkt, ein Stopffuß eingesetzt und ggf. der Nähfußheber in die Stopfposition gebracht (bitte die Bedienungsanleitung der eigenen Nähmaschine beachten, die die Einstellungen zum Stopfen behandelt).

Freier Zick-Zack-Stich
Für diese Methode gelten im Wesentlichen die gleichen Einstellungen wie beim freien Maschinensticken. Jedoch wird nicht mit einem Geradstich, sondern mit einem breiten Zick-Zack-Stich gearbeitet.

Vorlagen

Gartenfrühstück Mitteldecke

Schemazeichnung 1

Schemazeichnung 2

Schemazeichnung 3

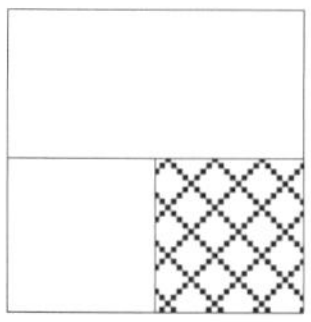

Schemazeichnung 4

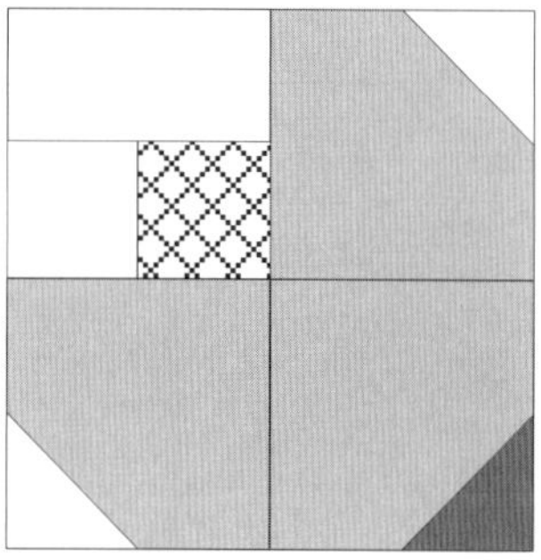

Schemazeichnung 5

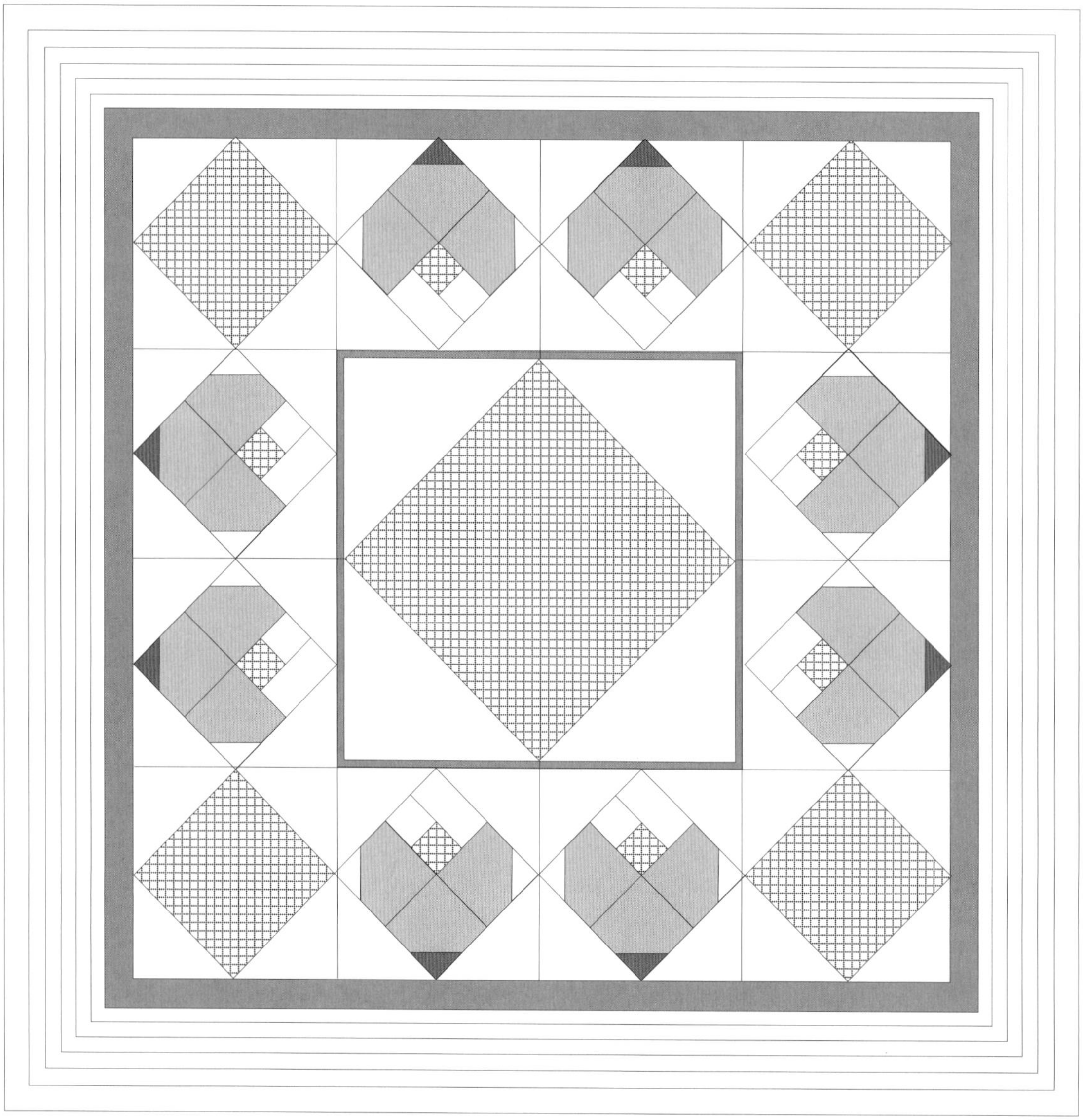

Kinderzimmer
Katzenkissen
Vorlage um 100% vergrößern!

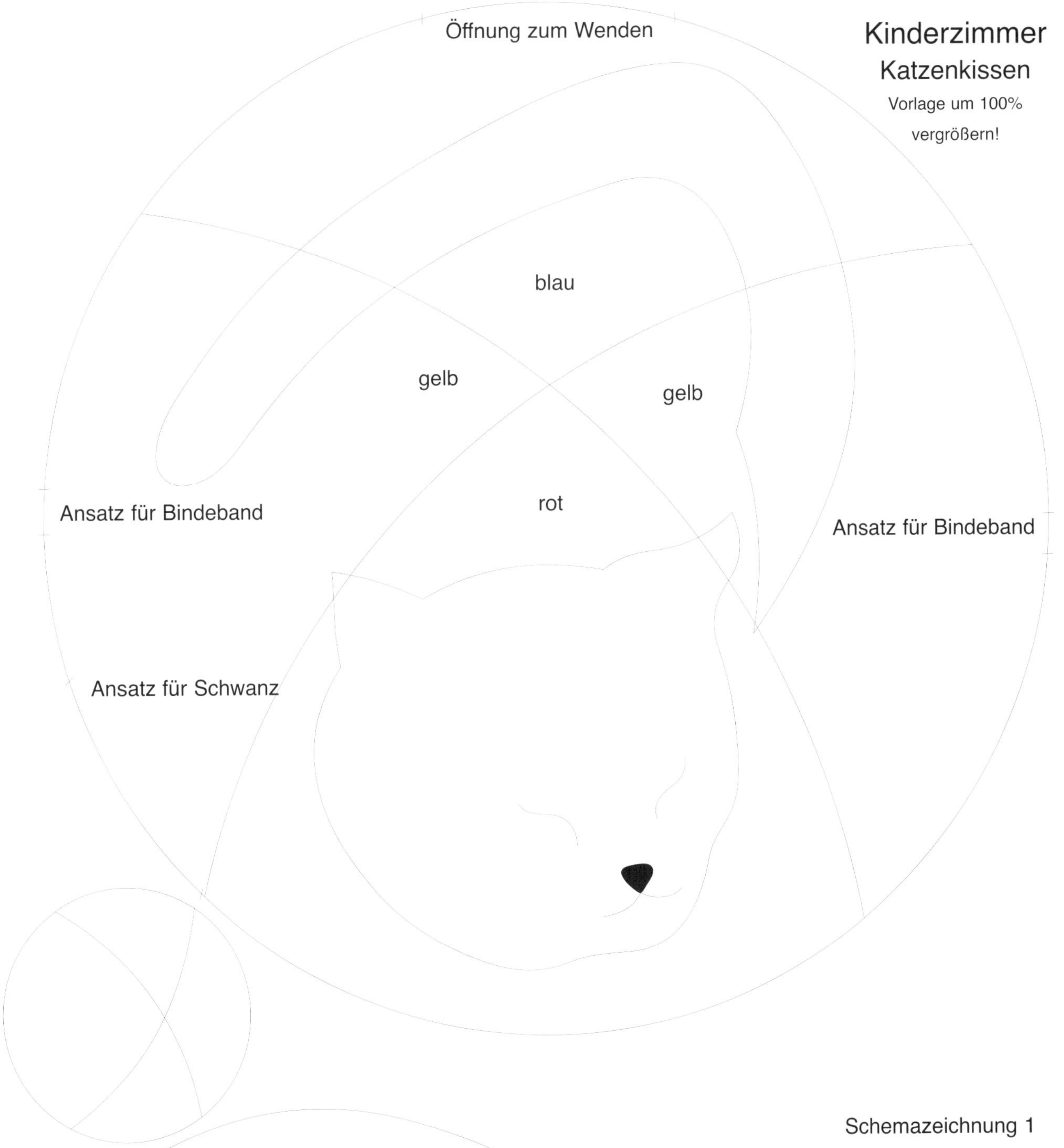

Kinderzimmer
Bettwäsche und Wandbehang
Vorlage um 100% vergrößern!

Schemazeichnung 1

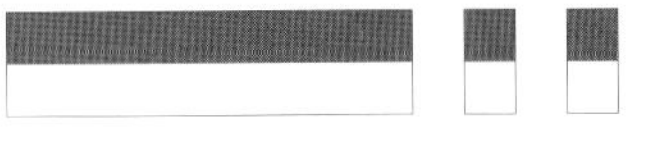

Schemazeichnung 2

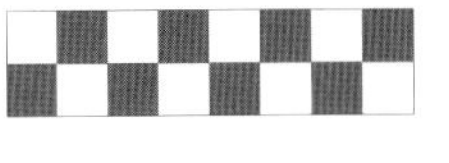

Vorlagen

Wohnen mit den Farben der Natur

Quilt
Schemazeichnung

Kissen

Quilt

Vorlagen um 100% vergrößern!

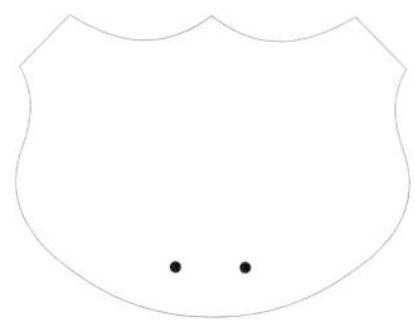

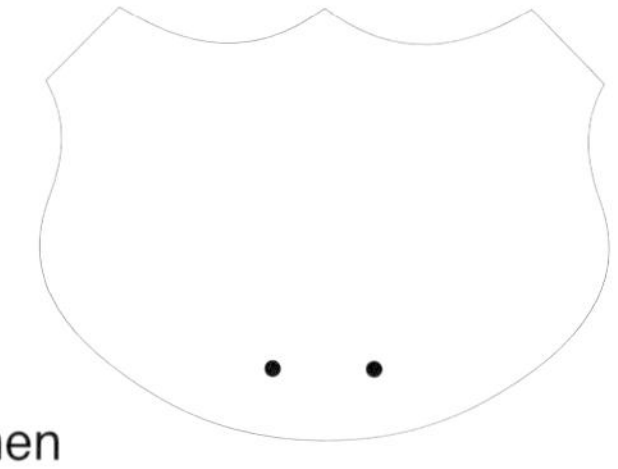

Applikationen

Einladung zum Fest der Rose

Vorlage um 100% vergrößern!

Eine Sommerküche in Blau und Weiß

Topflappen

Schemazeichnung 1

Schemazeichnung 2

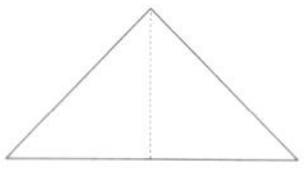

Schemazeichnung 3

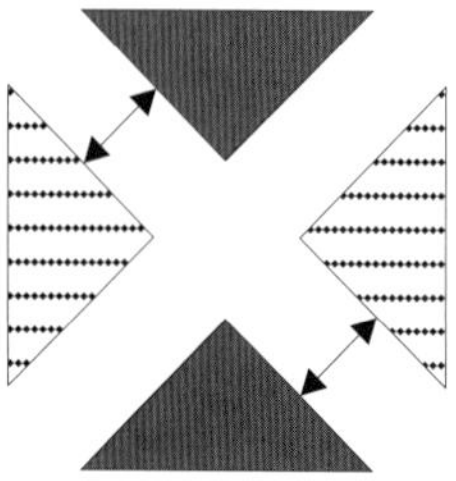

Einladung zum Fest der Rose

Stuhlhusse

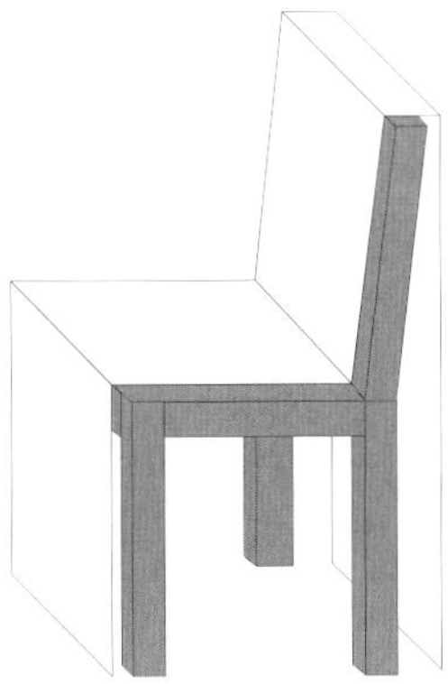

Schemazeichnung 1

Kleine Rose

Vorlage hat Originalgröße!

Kurvenschablone Tischdecke

Vorlage um 100% vergrößern!

Organzadecke mit Rosen

Vorlage um 100% vergrößern!

Vorlagen

Eine Kuschelecke für den Winter

Quilt

Vorlagen um 100% vergrößern!

Dinkelkissen

Vorlage um 100% vergrößern!

Bodenkissen

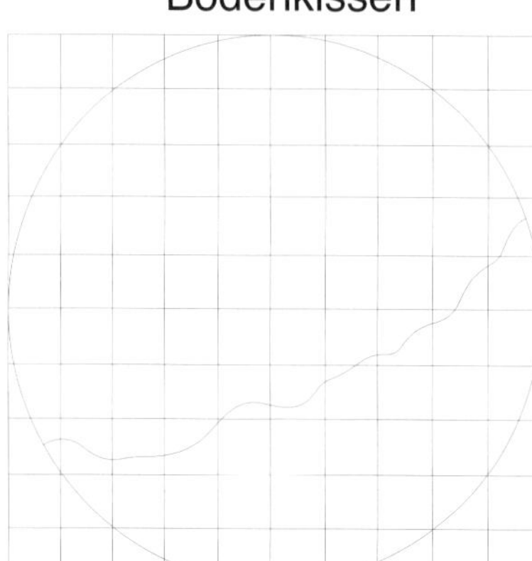

1 Kästchen entspricht 5 cm

Großes Kissen 40 x 60 cm

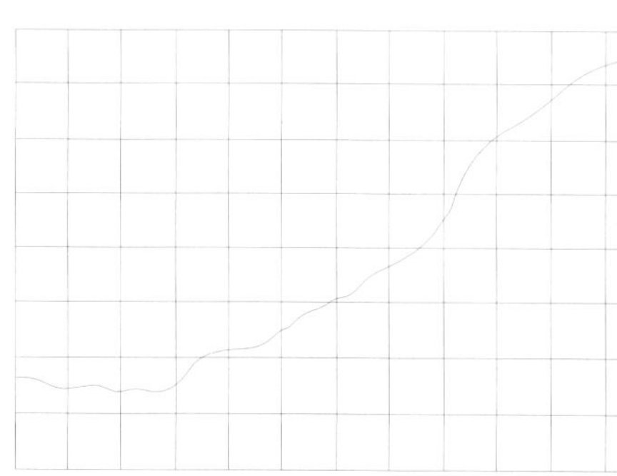

1 Kästchen entspricht 5 cm

Eine Kuschelecke für den Winter

Quilt - 4 Außenecken

Vorlage um 100% vergrößern!

Quilt und Bodenkissen

Vorlage um 100% vergrößern!

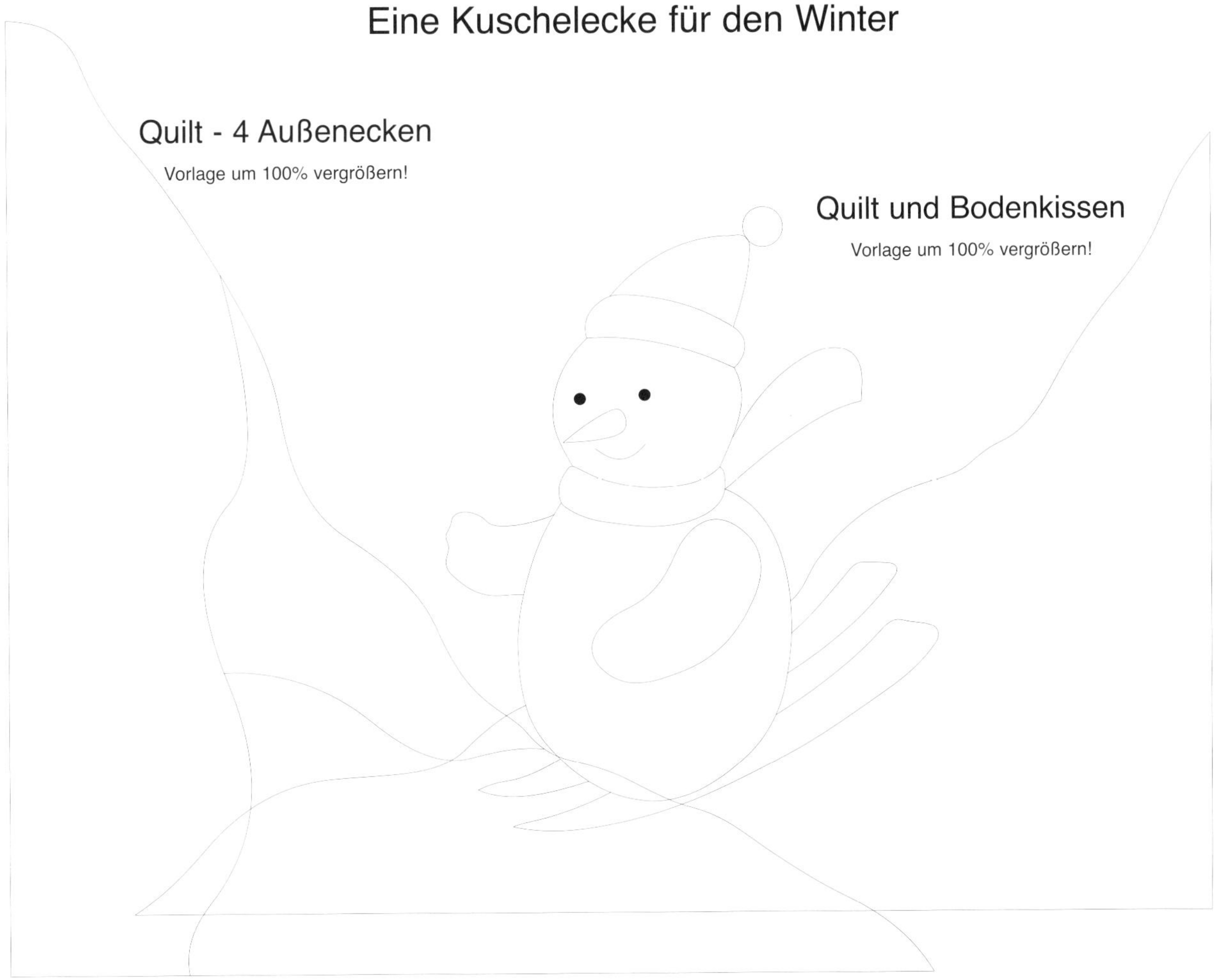

Quilt

Vorlage um 100% vergrößern!

Vorlagen

Ein Herbstabend auf dem Land

Blattapplikation
für die Serviette

Vorlage um 100% vergrößern!

Mitteldecke

Schemazeichnung

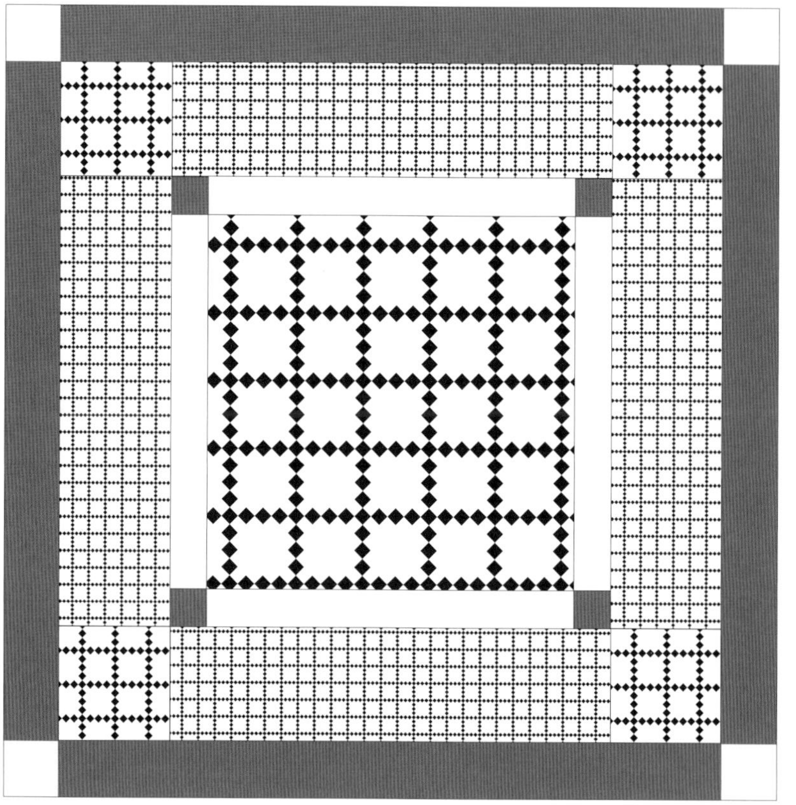

Simmungsvolles Weihnachtsfest

Stiefelvorlage

Nahtzugabe bereits enthalten

Vorlage um 100% vergrößern

Herzvorlage Mitteldecke

Vorlage um 100% vergrößern!

große Herzanhänger

Vorlage um 100% vergrößern!

kleine
Herzanhänger

Vorlage um 100% vergrößern!

Herzanhänger

Schemazeichnung 1

Streifenset 1

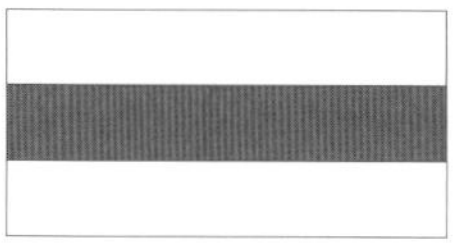

Streifenset 2

Schemazeichnung 2

Pfannkuchen

Rezept für 4 Personen:

½ Liter Milch und 180 g Mehl
miteinander verrühren und
eine Prise Salz hinzugeben.
Diese Masse 30 Minuten
ruhen lassen.
Anschließend 4 Eier darin
verquirlen.
Für süße Pfannkuchen dünne
Apfelscheiben in einer Pfanne
mit etwas Butter anschmoren
und dann mit dem
Teig übergießen. Goldbraun
backen. Mit Zimt und
Zucker servieren.
Für herzhafte Pfannkuchen
zuerst etwas Speck in einer
Pfanne anbraten und dann
mit dem Teig übergießen.

Guten Appetit!

OZ VERLAG – Bücher für kreative Menschen

Weihnachtlich-Besticktes rund um den Tisch und eine Fülle von Ideen und Anregungen zum Sticken liebevoller Kleinigkeiten wie Christbaumschmuck, Weihnachtskarten, Nikolausstiefel oder Adventskalender. Mit großer Stickschule. ISBN 3-933813-59-X

Viele Ideen zum Selbernähen: Wie man zur kleinen Karte oder zum großen Quilt kommt, zeigen umfangreiche, farbige Zeichnungen. Mit Grundkurs Patchwork & Quilten. Auch für Neulinge. ISBN 3-933813-52-2

Zwölf Stickbilder mit liebevollen kleinen und größeren Motiven, die auf verschiedene Accessoires für Haus und Garten gestickt werden. Zum Verschenken und Selberbehalten. Auch für Einsteiger. ISBN 3-933813-22-0

Für die festlichste Zeit des Jahres: Kleine Einsteigermodelle und große Kunstwerke können nach leicht verständlichen Anleitungen nachgearbeitet werden. Mit großem Hardanger Lehrgang. ISBN 3-933813-24-7

Romantisches oder Verspieltes, Traditionelles oder Modernes, für die Zeit des Schmückens und Schenkens: Ideen aus der Natur für schöne Christbäume, Kränze oder Gestecke. ISBN 3-933813-21-2

Komplette Dekorationen rund um die festlich-gedeckte Weihnachtstafel, mit vielen Ideen zum Selbermachen – abgerundet durch verführerische Dessertrezepte. ISBN 3-933813-23-9

Originelle Tischdekorationen und Original-Rezepte aus Europa und Asien. Zahlreiche Anregungen für das festliche Abendessen, die Gartenparty oder das Geburtstagsfest. ISBN 3-933813-51-4

Herstellerverzeichnis

• Karo-, Streifen- und Unistoffe aus Baumwolle sowie Waffelpikee:
Westfalenstoffe AG
Albrecht-Thaer-Str. 2
D - 48147 Münster
Tel.: 0251 – 9 28 05 – 0
Internet: www.westfalenstoffe.de

• Weißer Leinenstoff:
Zweigart und Sawitzki
Fronäckerstr. 50
D – 71063 Sindelfingen
Tel.: 07031 – 795 – 5

• Weißer Seidenorganza:
Schmidt & Bleicher über Galerie Smend
Mainzer Str. 31
D – 50678 Köln
Tel.: 0221 – 31 20 47
Internet: www.smend.de

• Maschinenstickgarne:
Madeira Garne
Hans-Bunte-Str. 8
D – 79108 Freiburg
Tel.: 0761 – 5 10 48 – 0
Internet: www.madeira.de

• Rosen und Rosenblätter, Schleierband, Grasfaser:
Rayher Hobby GmbH
Fockestr. 15
D – 88471 Laupheim
Tel.: 07392 – 7005 - 0

• Metall-, Korb- und Holzmöbel, Wohnaccessoires:
car Selbstbaumöbel
Ellerbrookskamp 4
D – 22397 Hamburg
Tel.: 040 – 605 00 71
Internet: www.car-moebel.de

• Informationen zum Thema Patchwork und Quilten:
Patchwork Gilde Deutschland e.V.
Zum Weißen Feld 1
D – 49179 Ostercappeln
Tel.: 05473 – 81 25
Internet: www.patchworkgilde.de

Impressum

Fotos:
U2 Fotodesign, Offenburg

Styling:
Elke Reith

Korrektur:
Bernadette Mayr

Lektorat:
Susanne Klar

Layout und Produktion:
Carsten Schorn, Merzhausen

Druck und Bindung:
J. P. Himmer, Augsburg

ISBN 3-933813-60-3